메타 리치의 시대

메타버스에서 돈 벌고 NFT에 투자하는 사람들

메타 리치의 시대

김상윤 지음

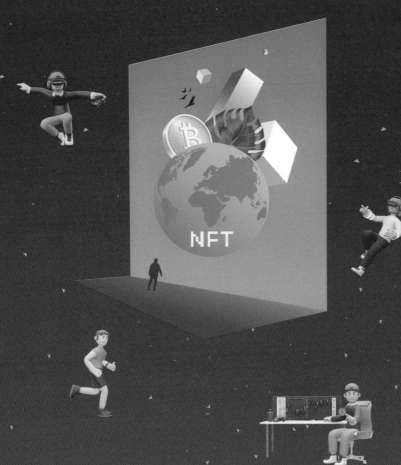

당신은 메타 리치를 꿈꾸는가

"암호화폐 투자, 지금이라도 시작해야 할까요?"

작년 한 해 메타버스와 NFT 강연을 어림잡아 100여 차례 넘게 하는 동안 가장 많이 받았던 질문이다. 최근 여러 차례 급등락을 반복했던 암호화폐뿐만 아니라, NFT, 가상 부동산 등 '가상자산'이라 불리는 것의 실체가 도대체 무엇이며, 이것으로 정말 돈을 벌 수 있느냐는 것이 그분들의 궁금증이었다.

이런 질문을 받을 때마다, "오늘 강연 주제는 디지털 기술에 관한 것이므로 투자나 재테크 관점에서 설명하기에는 시간이 부족하다"라며 질문하신 분께 양해를 구하고, 원론적인 답변만 간단하게 드렸다. 그러나 강연 때마다 비슷한 질문을 수차례, 아니 수십 차례 반복적으로 받다 보니 이 질문에 제대로 답변을 드릴 기회가 있으면 좋겠다고 생각했다. 그리하여 이 책이 탄생하게 되었다.

세상이 격변할 때 부의 기회가 찾아온다

최근 디지털 기술은 부$_{富}$의 영역에까지 깊숙이 침투했다. 역사적으로 기술이 개개인의 자산 변화에 이렇게 큰 영향을 끼친 적이 있었나 싶을 정도로 최근의 암호화폐, NFT 기술은 매우 직접적이다.

뉴스에서는 "비트코인이 급등했다", "유명 관광지의 가상 부동산이 다 팔렸다", "고가의 예술작품 NFT가 낙찰되었다"는 소식이 연일 오르내리고, 옆 팀의 동료가 암호화폐로 거액을 벌었다는 얘기를 전해듣기도 한다. 사람들은 이제 디지털 기술 그 자체보다 이 기술이 실질적으로 내 삶을 어떻게 변화시킬지, 그리고 이 변화에 발맞춰 부를 창출하려면 무엇을 어떻게 해야 하는지에 대해 더 관심을 집중하고 있다. 나는 이 책을 통해 독자들이 궁금해하는 '디지털 기술 → 세상의 변화 → 새로운 부의 창출'의 연결고리를 풀어내고자 한다.

디지털 기술의 영향력은 하루가 다르게 급성장하여 모든 것이 디지털로 전환되는, 말 그대로 '디지털 대전환 시대'이다. '디지털 대전환'은 '4차 산업혁명', '웹 3.0', '데이터 경제시대' 등 표현되는 말도 넘

쳐난다. 그만큼 변화의 폭이 넓고, 변화의 양상도 다양하다.

　인류의 역사를 보면, 서유럽 나라들이 새로운 바닷길을 통해 새로운 땅을 찾아 나서던 대항해 시대나 1·2차 산업혁명 등 세상이 격변하던 시기마다 사회 구조나 부의 재분배 측면에서 큰 변화와 새로운 기회가 있었다. 그렇다면 지금 우리가 맞이한 디지털 대전환 시대에 던질 수 있는 질문은 세 가지다.

- 신대륙을 발견했던 대항해 시대 때처럼 새로운 경제구조와 패러다임이 만들어질 것인가?
- 두 차례의 산업혁명 때처럼 메타 기술이 생산성을 높이고 삶의 방식을 바꿀 것인가?
- 우리는 이러한 변화를 바탕으로 새로운 부를 창출할 수 있을까?

　이 책은 위의 질문들에 답하기 위한 근거들을 찾고, 지식을 연결하고, 큰 그림을 그렸다. '메타Meta'로 표현되는 디지털 기술 그리고 패러다임의 변화가 사회 경제 분야에 미치는 영향과 함께 미래 투자의 방향을 살펴보고, 한발 앞서 부를 창출하고 있는 이들을 탐구해볼 것이다.

마크 저커버그, 일론 머스크, 제프 베이조스
새로운 세계를 선도하는 메타 리치

메타 리치란, '메타-'의 시대에 새로운 부를 창출하는 사람들을 말한다. 이들은 현실세계와 기존 시스템 및 방식을 초월하며 그 대안을 가상세계 혹은 가상세계와 현실세계의 연결에서 찾는다. 대표적인 메타 리치 기업인으로는 2021년 '메타'로 기업명을 바꾼 페이스북의 마크 저커버그Mark Zuckerberg, 전기차보다도 암호화폐에 대해 더 자주 언급하는 테슬라Tesla의 일론 머스크Elon Musk, 길거리 상점들을 온라인 가상공간에 올려놓은 아마존Amazon의 제프 베이조스Jeff Bezos가 있다.

이 셋의 공통점은 새로운 변화를 즐기고, 새로운 변화에 투자하며, 앞장서서 변화를 끌고 간다는 것이다. 기존의 질서에 동조하지 않고, 기존에 없던 것을 갈구하며, 기술을 통해 전에 없던 새로운 세상을 만들어간다는 점에서 그들은 다른 사업가들과 확연히 다른 행보를 보인다.

그리고 이 셋에게는 더욱 돋보이는 공통점이 또 하나 있다. 바로 가상세계에 대한 집착과 창조다. 그들은 가상세계에 대한 가치를 다른 이들보다 더욱 높게 평가한다. 그들이 추구하는 비즈니스 혹은 세상에 던지는 메시지에도 가상세계에 대한 그들의 열정이 담겨 있다. 그들은 산업혁명 이후 수백 년간 이어진 물질 중심의 세계관, 중앙집권적 금융 시스템, 현실 공간 중심의 비즈니스를 거부한다. 그리고 가상과 현실을 연계하는 방식으로 새로운 세계를 창조하는 시도를 지속하면서 그 과정에서 새로운 부를 창출하는 기회를 얻는다. 이들이 바로 대표적인 메타 리치다.

새로운 시대, '기회'를 잡는 자는 따로 있다
메타 리치를 꿈꾸는 이들에게

이처럼 메타버스를 비즈니스에 접목해 새로운 세계를 개척하는 메타 리치가 있는가 하면, 가상자산에 투자하여 부를 창출한 메타 리치도 있다. 현재 암호화폐, NFT, 가상 부동산과 같은 가상자산에 투자하고 있는 이들은 일반인 중 약 10~20% 정도로 추측된다. 이들은 새로운 분야에 대한 탐구욕과 도전 정신이 투철하다. 변화를 받아들이는 적극적인 태도와 함께 일부 운이 작용하면서 몇몇은 벌써 큰 수익을 올렸다. 물론 일부는 큰 손실을 보기도 했다. 초기 시장이라는 특성으로 인해 리스크가 큰 시장이기 때문이다. 이 책에서는 NFT, 암호화폐, 가상 부동산 등 가상자산 시장의 전망과 리스크를 함께 알아볼 것이니, 가상자산 투자로 메타 리치를 꿈꾸는 분들이라면 참고하길 바란다.

만약 투자하기에 리스크가 부담스럽다면 자신이 가상자산의 크리에이터가 되어 수익을 올리는 방법도 있다. 한 초등학생은 로블록스에서 게임을 만들어 연간 30억 원 이상을 벌었으며, 한 20대는 제페토에서 직접 디자인한 패션 NFT를 판매하여 월 1000만 원 이상의 수익을 올리고 있다. 이처럼 시대 변화에 발 빠르게 적응한 메타 리치들은 이미 가상세계에서 부를 창출하고 있다.

앞으로 세상은 더욱 빠른 속도로 변해갈 것이며, 우리에게는 전에 없던 새로운 부의 기회가 쏟아질 것이다. 그리고 이 기회는 세상의 변화를 정확히 이해하고 뛰어든 자에게만 찾아올 것이다. 만약 당신이 메타 리치를 꿈꾼다면 이 책을 통해 앞서 간 자들의 태도를 엿보고, 큰 그림을 그리고, 변화의 흐름에 올라타자.

지금 이 책을 읽고 있는 당신은 메타 리치를 꿈꾸는가?

김상윤

· CONTENTS ·

PART 1

메타 리치의
시대가 온다

탐욕이 불러온
투기의 흑역사

전 세계에서 가장 많이 팔린 재테크서는 무엇일까? 바로 누구나 한 번쯤 들어봤을 책, 로버트 기요사키의 『부자 아빠 가난한 아빠Rich Dad Poor Dad』다. 나 역시 몇 번이나 정독했을 정도로 감명 깊게 읽었던 책이다. 2000년 국내에서 처음 이 책이 출간된 이후 서점가에는 재테크서 열풍이 불었다. 동네 서점을 가면 아직까지도 재테크 관련 책들이 메인 코너를 차지하고 있을 정도로, 재테크는 세대 불문 누구나 관심을 갖는 일상적 이슈가 되었다.

그리고 코로나19가 다시 한번 재테크서 열풍에 불을 붙였다. 미래에 대한 불안이 커지자, 사람들은 내 자산을 지키고 불리는 데 더욱 몰

두하고 있다. 과거와 달리 최근에는 단순히 재테크 방법을 알려주는 책뿐 아니라 부富의 역사, 화폐의 원리 등을 다룬 교양서까지 일종의 재테크서로 묶여 사랑받고 있다.

자본주의 시대의 풍요를 얻기 위한 사람들의 노력은 그 어느 때보다도 열정적이다. 부의 증식을 위한 공부, 즉 더 나은 투자를 위한 공부를 게을리하지 않는다. 사람들이 투자에 관심을 가지는 이유는 인간의 본능에서 비롯됐다고 해도 과언이 아니다. 남들과 비교하여 더 나은 것을 소유하고 축적하여, 풍요로운 삶을 영위하고자 하는 욕구이다. '투자'는 현재 내가 가진 것을 기반으로 미래에 더 나은 것과 바꾸기 위한 일종의 거래다. 다만, 투자의 과정에서 욕구가 과해지면 문제가 생기기 마련이다. 우리는 욕구가 과한 '투자'를 '투기'라고 부른다.

수천 년 전부터 존재한 투자와 투기

역사를 거슬러 올라가면 기원전 로마 시대에도 주식 거래가 있었으며, 그 과정에서 일부 투기가 있었다는 기록이 있다. 로마 시대에는 지금의 주식회사에 해당하는 '퍼블리카니publicani', 그리고 주식에 해당하는 '파르테스partes'가 존재했다. 파르테스는 대주주 보유 지분인 '소치이$_{socii}$'와 소액주주 보유지분인 '파르티쿨라에$_{particulae}$'로 구분되었는데, 소액주주의 지분이 장외시장에서 거래된 것이 주식 거래의 탄생으로 여겨진다. 당시의 주가 수준이나 주식시장의 모습을 알 수 있는 자료는 흔치 않지만 몇몇 역사학자의 기록에 '주식을 사는 것은 도박과 같다'라는 언급이 남겨져 있고, 주가 변동이 있었다는 기록 역시 존재하는 것을 보면, 수천 년 전부터 부를 증식하기 위한 인간의 탐욕이 존재했다는 것을 알 수 있다.[*]

인간의 탐욕이 전 세계 경제에 거대한 변화를 불러온 사례는 역사적으로 반복되었다. 17세기 초반 네덜란드에서는 무역업의 성장과 함께 금융업이 급성장했다. 그리고 1610년에는 암스테르담에 증권거래소가 설립되었는데, 이곳에서 여러 형태의 금융 상품이 거래되었다는 기록이 있다. 금융 상품 거래의 활성화는 자연스럽게 투기로 이어졌고, 고위험 고수익 성향이 강한 선물거래$_{future\ trading}$[**]가 대중화되기도 하였다.

---

[*] 『금융투기의 역사(Devil Take the Hindmost)』, 에드워드 챈슬러, 국일증권경제연구소, 2021
[**] 미래의 일정 시점을 인수·인도일로 정하여 일정한 품질과 수량의 어떤 상품을 정한 가격에 사고팔기로 약속하는 계약이다. 현재 시점에서 계약하지만 미래의 가치를 사고파는 것이다.

튤립 하나가 집 한 채 값? '튤립 파동'

인류 역사상 대표적인 투기 과열 사건 중의 하나인 '튤립 파동' 역시 이 시기에 생긴 일이다. 당시 유럽에서 1인당 국민소득이 가장 높았던 네덜란드인들은 자본주의의 풍요를 극대화하고자 더 큰 부를 안겨줄 대상을 찾았는데, 그 대상이 바로 튤립이었다. 최상급 튤립은 황실을 상징하는 붉은 줄무늬를 갖고 있어 '황제 튤립'으로 불렸고 한 송이에 1,200플로린(당시 유통된 금화)에 거래되기도 했다. 그 당시에는 암스테르담 집 한 채와 맞먹는 값이었다. 꽃이 만개할 때 잎의 색이 어떻게 변할지 모른다는 예측 불가능한 희소성은 투기적 가치를 더해주었다. 또한, 희귀한 튤립은 부의 척도로 간주되어 부유층들이

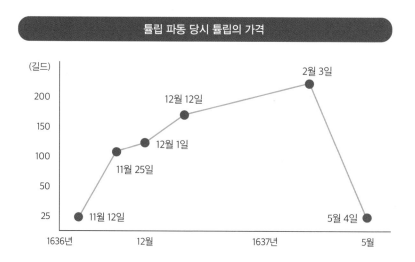

튤립 파동 당시 튤립의 가격

앞다퉈 희귀종을 찾았다.

1634년에는 옆 나라 프랑스인들도 튤립 투기에 가담하기 시작했으며, 이는 결국 전 세계를 튤립 투기 시장으로 인도했다. 튤립 수요가 폭증하자 심지어는 땅속에 묻혀 있는 튤립 뿌리를 매개로 한 튤립 선물거래까지 나타났다. 결국 인간의 탐욕은 튤립 '거래'를 '투기'로, 튤립 투기를 '파동'으로까지 몰고 갔으며, 이는 자본주의의 광기를 드러낸 역사적 사건으로 남게 되었다.

신기술에 대한 환상이 이끈 '대공황'

1929년 전 세계 경제를 파국으로 몰고 간 대공황 또한 인간의 탐욕에서 비롯되었다. 1920년대 미국에서는 제조업을 중심으로 산업이 급성장하면서 자동차, 라디오 같은 신제품과 신기술에 대한 환상이 조금씩 커졌다. 당연하게도 신기술 기업에 대한 투자가 확대되었고, 투기꾼들의 움직임도 시작되었다.

1920년대 미국의 자동차가 700만 대에서 2000만 대로 증가하던 시기 제너럴모터스General Motors Corporation의 주가는 10배 이상 치솟았다. 라디오를 세상에 데뷔시킨 웨스팅하우스Westinghouse Electric Company는 몇 년 사이에 매출이 10배 이상 증가했다. 그리고 기업 주가는

1921년 1.5달러에서 1928년 85.5달러로 무려 57배나 솟구쳤다. 자동차, 라디오에서 시작된 기술 투기 열풍은 항공기 산업, 영상 산업 등 전 산업 영역으로 확대되었다. 이 과정에서 수많은 투자자가 '묻지마 투자'라고 불리는 비이성적인 과열에 빠지게 되었고, 결국 1929년 10월 24일, 역사적 대공황의 시작이었던 '검은 목요일black thursday'을 맞이하게 되었다.

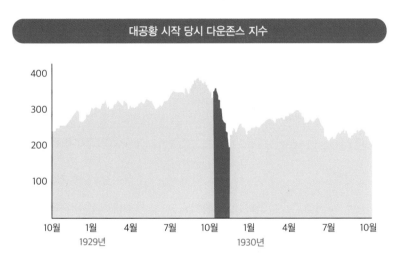

대공황 시작 당시 다운존스 지수

• 자료: 위키피디아

그리고 당시 '신용을 매수한다buying on margin'라는 표현이 유행했는데, 이자를 주고 빌린 돈으로 투자한다는 뜻이다. 현대에 사용하는 용어로는 '레버리지leverage 거래'라고 표현할 수 있다. 1920년대 미국 투자자들 사이에서 원금은 1할만 투자하고, 나머지 9할은 브로커에게 빌려 주식에 투자하는 고위험 투자가 유행했다. 공황이 일어나자 많은 사람이 은행의 돈을 찾아 증권 회사에 대출금을 갚으려 했고, 개인 파산은 눈덩이처럼 확대되어 결국 미국에서는 약 1만여 개의 은행이 도산하고 기업체의 3분의 2가 파산했다. 인간은 자본 앞에 과욕을 부렸고, 시장은 합리적이지 못했으며, 그 결과는 대폭락이었다.

'테크'가 붙으면 무조건 투자? '인터넷 버블'

이번엔 1990년대로 가보자. 1990년대는 인터넷을 기반으로 한 ICT 기술이 세상을 희망으로 가득 채운 시기였다. 앞선 1920년대에 철도, 자동차, 라디오 기술에 모든 희망을 걸던 것과 유사한 상황이 또 다시 벌어졌다. 1990년대 후반의 인터넷 버블은 앞뒤 재지도 않고, '인터넷'이라면 '무조건 Go'를 외친 인간의 탐욕이 다시 한번 작동한 사건이었다.

인터넷 기업에 대한 투기 광풍은 1995년 넷스케이프Netcape의 나스닥 상장으로 시작되었다. 이후 인터넷 기업들이 차례차례 주식시장에 상장되었고, 인터넷 검색엔진 업체 야후Yahoo!도 이러한 분위기에 편승하였다. 야후는 분기 매출이 100만 달러 정도인 작은 규모의 회사였지만 상장 첫날 153%의 프리미엄이 붙었다. 1998년 야후의 시가총액은 연간 수익의 800배에 달했고, 매출액의 180배에 이르렀다. 또한 인터넷 서점 사업으로 시작한 아마존Amazon은 계속 적자를 기록했음에도 그해 주가가 18배나 뛰었다. 당시 애널리스트들의 보고서에는 기업명에 '인터넷', '테크tech'가 붙었거나, 주요 사업에 '인터넷 비즈니스'가 포함된 기업이면 무조건 투자하라는 내용이 담겨 있었다.

그러나 당시 현실은 그들의 이상을 따라주지 못했다. 1999년의 인터넷 망은 56K 모뎀이나 케이블 선 위주였다. 당연히 인터넷 속도는 매우 느렸다. 사람들은 장미빛 미래를 그렸지만, 실상은 너무나도 느린 서비스와 각종 문제들이 발생하면서, 웹 서비스에 대한 불신과 반감이 커져갔다. 1995년부터 2000년까지 나스닥 종합주가지수는 400% 상승했지만, 이후 버블이 꺼지며 2001년, 결국 시장이 붕괴되었다. 투자자들은 무려 5조 달러의 손실을 입었다.

이처럼 '튤립 파동', '대공황', '인터넷 버블' 사건은 인간의 투자 탐욕이 결국 전체의 자멸을 불러온다는 교훈을 남긴 채, 인류 투자 역사의 치명적인 오점으로 남게 되었다.

부의 패러다임을 바꿀 메타 리치의 등장

　현재 전 세계의 '부'는 불균형적으로 흐르고 있다는 시각이 지배적이다. 1980년대 이후 신자유주의의 물결 속에서 상위 1%로 대표되는 소수의 거대 금융자본이 전 세계의 부를 차지하고 있기 때문이다.

　프랑스의 경제학자 토마 피케티Thomas piketty는 2013년에 출간한 저서 『21세기 자본Capital in the Twenty-First Century』에서 부의 불균형이 21세기 점점 가속화되어 심각한 사회문제를 일으킬 것이라 지적했다. 2010년대를 기준으로 미국 상위 0.1% 계층의 자산 총합은 하위 90%의 자산 총합과 그 규모가 같아진 상황이었다. 특히, 1990년대 이후 상위 0.1%의 부가 급격히 증가하였으며, 피케티는 향후 역전을 넘어

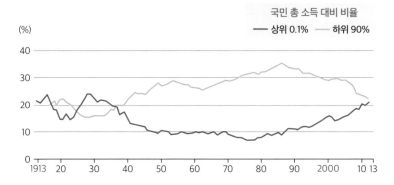

국민 총 소득 대비 비율

━━ 상위 0.1% ━━ 하위 90%

(%)

40
30
20
10
0

1913 20 30 40 50 60 70 80 90 2000 10 13

· 출처: Emmanuel Saez and Gabriel Zucman NBER working paper 20625

극단적인 불균형 상황이 펼쳐질 것을 전망했다.

약 10년 전 그의 예측은 현재 맞아떨어지고 있다. 2020년대 사회적 양극화는 전 세계적으로 가장 중요한 이슈로 늘 언급된다. 부의 쏠림 현상은 세계 최고 부호들의 명단만 봐도 명확히 드러난다. 피게티가 책을 낸 시점인 2013년 미국 10대 부호들의 대다수가 상속자들이다. 소위 말하는 금수저가 황금 수저, 다이아몬드 수저를 낳고 있는 형국이다. 빌 게이츠Bill Gates, 래리 엘리슨Larry Ellison 정도만 제외하면 황금 집안 출신의 사업가가 대부분이다. 최근 미국은 부의 불균형이 가장 심각한 국가로 꼽히기도 한다. 2020년대에는 어떻게 바뀌었을까?

2013년 미국 10대 부자 순위

순위	이름	소득원	자산 규모
1위	빌 게이츠	마이크로소프트 창업	720억 달러(약 78조 원)
2위	워런 버핏	버크셔 해서웨이 회장	585억 달러
3위	래리 엘리슨	오라클 공동 창업	410억 달러
4위(공동)	찰스 코크	상속(코크인더스트리·공동 소유)	360억 달러
4위(공동)	데이비드 코크	상속(코크인더스트리·공동 소유)	360억 달러
6위	크리스티 월튼	상속(월마트 창업자 며느리)	354억 달러
7위	짐 월튼	상속(월마트 창업자 아들)	338억 달러
8위	앨리스 월튼	상속(월마트 창업자 딸)	335억 달러
9위	롭슨 월튼	상속(월마트 창업자 아들)	333억 달러
10위	마이클 블룸버그	전 뉴욕시장, 블룸버그통신 창업	310억 달러

• 출처: 포브스

2021년 세계 10대 부자 순위(1월 기준)

순위	이름	소득원	자산 규모
1위	일론 머스크	테슬라(미국)	1,950억 달러(약 234조 원)
2위	제프 베이조스	아마존(미국)	1,850억 달러
3위	빌 게이츠	마이크로소프트(미국)	1,340억 달러
4위	베르나르 아르노	루이뷔통모에헤네시(프랑스)	1,160억 달러
5위	마크 저커버그	메타(미국)	1,020억 달러
6위	중산산	농푸산취안(중국)	931억 달러
7위	워런 버핏	버크셔 해서웨이(미국)	882억 달러
8위	래리 페이지	구글(미국)	836억 달러
9위	세르게이 브린	구글(미국)	810억 달러
10위	래리 엘리슨	오라클(미국)	800억 달러

• 출처: 블룸버그

2021년 세계 최고 부호 순위를 보면 1, 2위인 테슬라의 CEO 일론 머스크와 아마존의 CEO 제프 베이조스 그리고 5위에 이름을 올린 메타(구, 페이스북)의 CEO 마크 저커버그가 눈에 띈다. 이 셋은 모두 황금 수저가 아니라 스스로 '부'를 일구었다는 공통점이 있다. 한 명씩 더 알아보자.

테슬라의 일론 머스크

2021년 기준 세계 부호 1위로 꼽히는 테슬라의 CEO 일론 머스크는 1971년생이다. 미국 스탠퍼드 대학에서 물리학 박사 과정 중에 1995년 집2$_{Zip2}$라는 업체를 만들었다. 뉴욕 타임스 등 신문사에 지역 정보를 제공하는 업체였다. 그리고 1999년 이 회사를 컴팩$_{Compaq}$에 매각한 후 곧바로 만든 회사가 엑스닷컴$_{X.com}$인데, 2001년 이름이 페이팔$_{PayPal}$로 바뀐다. 그리고 2002년에 이베이$_{Ebay}$가 페이팔을 인수하면서 머스크는 실리콘밸리를 대표하는 사업가로 명성이 높아졌다. 그해에 머스크는 스페이스X$_{Space\ x}$를 만들고, 2003년에는 테슬라를 설립한다. 현재 머스크가 도전하는 영역은 한두 가지가 아니다. 일반인들이 듣기에는 너무나 허무맹랑한 영역도 있다. 10년 이내에 우주 공간에 피자 가게를 만들겠다는 얘기도 그중 하나이다.

아마존의 제프 베이조스

아마존의 CEO 제프 베이조스는 1964년생이다. 프린스턴 대학에서 컴퓨터 공학을 전공했고, 월가 투자은행에서 일하며 경력을 쌓아 잔뼈가 굵었다. 그는 1994년 인터넷 서점이라는 사업 아이템으로 아마존을 설립했다. 그리고 2021년 CEO 자리에서 물러날 때까지 아마존을 인터넷 1등 기업으로 만드는 데 주력했다. 특히, 2000년 출시한 아마존 온라인 전자상거래 플랫폼은 과거 현실세계를 기반으로 하던 유통업을 인터넷이라는 온라인 공간으로 이전했다는 점에서 창의적인 혁신으로 평가받는다.

아직 성과를 평가하기에 이른 영역도 있다. 바로 우주 사업이다. 베이조스는 2000년에 우주 발사체 개발 회사 블루 오리진Blue Origin을 설립했다. 민간 우주 사업에서도 선구자라고 할 수 있는 베이조스는 실제로 2021년 7월 직접 블루 오리진 로켓에 탑승해 우주 여행을 하기도 했다.

메타의 마크 저커버그

2021년 기준 세계 부호 5위로 꼽힌 마크 저커버그는 1984년생이다. 미국 뉴욕에서 태어난 그는 어려서부터 컴퓨터에 뛰어난 재능을 보여, 11살 때 병원 컴퓨터에 환자 도착을 알리는 프로그램을 개발할 정도의 영재였다. 2002년 하버드 대학교에 입학해 학생들의 외모를 평가하려는 목적으로 사이트를 개설했는데 그것이 바로 페이스북의 시초다. 이것을 전 세계 대상의 소셜 네트워크 서비스로 확장하여 CEO가 되었고 하버드 대학교를 중퇴하였다. 마크 저커버그가 탄생시킨 페이스북은 긍정적이든 부정적이든 매체와 사회, 정치 등 21세기 현대 사회에 지대한 영향을 끼친 시대적 아이콘이라 해도 과언이 아니다. 이로 인해 저커버그는 최연소 억만장자가 되었다.

새로운 세계를 창조하는 메타 리치 1세대

이들에게는 또 하나의 공통점이 있다. 현재의 질서를 파괴하는 새로운 구상을 즐긴다는 점이다. 역사적으로 성공한 기업가들은 대부분 기존 산업 내에서 부족한 점을 찾아내고, 여기에 차별적 가치를 더하여 경쟁우위의 비즈니스를 창출하곤 했다. 그러나 이들 셋은 기존의 질서를 넘어 전에 없던 새로운 세상을 만들어내려고 끊임없이 시도한다는 점에서 기존의 사업가들과 차별성을 가진다.

이들이 창조하는 새로운 세상의 대표적인 영역은 바로 '가상세계'다. 이들은 산업혁명 이후 수백 년간 이어져 온 물질 중심의 세계관, 중앙집권적 금융 시스템, 현실세계 중심의 비즈니스를 거부한다. 그들은 가상과 현실이 결합한 새로운 차원의 세상을 가장 선도적으로 비즈니스에 접목하면서 새로운 세계를 창조하고 그 과정에서 새로운 부를 창출한다. 이들이 바로 메타 리치~Meta Rich~ 1세대이다.

머스크와 저커버그가 암호화폐에 대해 언급하는 것과 최근 메타버스 세상을 만들어가겠다는 포부를 담아 '메타'로 사명을 바꾼 것, 그리고 2000년대 초반 아마존이 전 세계 상점을 온라인 세상에 집어넣은 것 등 이들의 행보는 가상세계에 대한 깊은 고찰과 새로운 창조를 위한 갈망에서 비롯된 것으로 평가할 수 있다. 그리고 이 과정에서 세 명의 CEO는 전 세계 MZ세대[*], 더 구체적으로 말하면 디지털 원주민 세대[**]의 우상으로 여겨지기도 한다.

My goats: Max and Bitcoin

2021년 5월, 저커버그는 그의 페이스북에 두 마리의 염소 사진과 함께 'My goats: Max and Bitcoin(내 염소들: 맥스와 비트코인)'이라는 글을 적었다. 이를 두고 업계와 외신에서는 저커버그가 왜 하필 염소

---

[*]   1980년대 초~2000년대 초 출생한 밀레니얼 세대와 1990년대 중반~2000년대 초반 출생한 Z세대를 통칭한다.

[**] 태어나서부터 디지털 환경에 친숙하고, 디지털 기기를 일상적으로 활용하는 세대

사진을 올렸는지, 그리고 왜 이름을 '맥스'와 '비트코인'으로 붙였는지에 대해 다양한 해석을 내놓았다.

최근 암호화폐 투자를 즐기는 사람들 사이에서 비트코인을 열렬히 지지하는 자들을 '비트코인 맥시멀리스트Bitcoin maximalist'라 최대를 뜻하는 '맥스'라는 단어와 '비트코인'이 결합해 '포트폴리오에서 비트코인 비중을 최대화한다', '비트코인을 최대로 매수한다' 등의 의미를 담고 있다. 저커버그가 염소 이름을 맥스와 비트코인이라 지은 이유를 추측할 수 있는 대목이다. 그리고 염소를 뜻하는 'GOAT'는 '역대 최고the greatest of all time'라는 표현의 약자로 쓰이기도 한다.

이러한 단서들을 정리하면 저커버그는 이 게시글을 통해 자신이 비트코인의 열렬한 지지자며 비트코인의 가치를 극도로 추켜세웠다고 해석할 수 있다. 심지어 미국 매체 비즈니스인사이더는 "암호화폐 커뮤니티들은 저커버그의 염소 작명을 암호화폐에 대한 지지 선언을 넘어, 그들을 이끄는 신호로 이해하고 있다"라고 보도하기도 했다.

그리고 메타는 2019년에 암호화폐 리브라Libra 발행을 선언하기도 했다. 당시 리브라는 법정 화폐와 교환 가치가 1:1로 연동되는 스테이블 코인Stable Coin의 형태로 기획되던 중 암호화폐 발행을 중단하라는 미국과 유럽 정부의 압박을 견디지 못하고, 현재 발행이 중단된 상황이다. 이후 메타는 2021년 10월 암호화폐 가상 지갑인 '노비Novi'만을 출시한 상황이다.

Mark Zuckerberg
2021년 5월 11일 ·
My goats: Max and Bitcoin.

· 마크 저커버그가 페이스북에 올린 염소 사진과 글 [출처: 마크 저커버그 페이스북]

도지코인을 사랑하는 일론 머스크?

일론 머스크의 경우 도지코인Dogecoin 언급으로 유명하다. 2013년 소프트웨어 개발자 빌리 마커스와 잭슨 팔머가 만든 암호화폐인 도지코인은 머스크에게 간택되어, 2021년 코인 시장을 들썩이게 했다. 머스크가 SNS를 통해 언급한 도지코인 관련 멘트는 한두 개가 아니다. "Doge Barking at the Moon(달을 향해 짖는 도지)", "Dogecoin is the people's crypto(도지코인은 모든 사람의 암호화폐)" 등 머스크가 도지코인에 대해 언급할 때마다, 도지코인은 몇 배씩 급등했다. 일부 언론에서는 머스크가 2019년부터 도지코인 개발자들과 협력해왔다고 주장하기도 했다.

그 밖에도 머스크의 암호화폐 언급은 개인 SNS뿐만 아니라 각종 언론을 넘나들었다. 머스크는 미국 NBC의 코미디쇼 〈SNL: Saturday Night Live〉에서 도지코인이 사기라는 농담을 하면서 연일 입방아에 오르내리기도 했으며, 이후 본인이 찬양했던 비트코인을 "친환경적이지 못하다"고 돌연 말을 바꾸는가 하면, "테슬라가 도지코인을 결

• 일론 머스크는 트위터를 통해 도지코인에 대해 수차례 언급했다. [출처: 일론 머스크 트위터]

제 수단으로 허용하길 원하느냐"는 온라인 투표를 하기도 했다.

그뿐만 아니라 비트코인을 이용한 테슬라 자동차 결제를 돌연 중단한다는 폭탄선언으로 암호화폐 시장에 충격을 던지기도 했다.[*] 비트코인 채굴과 거래로 석탄을 중심으로 한 화석연료 사용이 급증하고 환경에 악영향을 끼친다는 이유에서다. 머스크는 비트코인 채굴과 거래에 수반되는 에너지의 1% 이하를 사용하는 다른 암호화폐를 대안으로 찾고 있다고 밝힌 바 있다.^{**}

이처럼 메타 리치 1세대들은 기존의 질서와 구조에 저항하며 새롭게 세상을 창조하고 새로운 부를 축적한다. 그리고 좌충우돌 새로운 시도로 사회에 반향을 일으키기도 한다. 앞으로 등장할 메타 리치는 또 어떤 변화를 불러올까?

---

* 블록체인 기반의 암호화폐는 채굴 및 거래 과정에서 복잡한 수학적 검증 과정이 필요하여 막대한 에너지가 소모된다.

** 테슬라는 2021년 2월 비트코인을 테슬라 결제수단으로 허용하였으나, 3개월만인 2021년 5월 중단하였다.

PART 2

페이스북의
메타 트랜스포메이션

페이스북이 메타로 사명을 바꾼 이유

2021년 10월 17일, 페이스북은 사명을 메타Meta로 바꿨다. 일각에선 페이스북이 최근 불거진 내부고발 이슈로 추락한 이미지를 쇄신하기 위해 사명 변경을 했다고 주장한다. 같은 해 9월, 월스트리트저널은 '페이스북 파일the facebook files'이라는 기사를 발표하면서 페이스북이 일부 사용자에게 피해를 주고 있다는 사실을 알면서도 이를 수정하지 않고 방치했다고 폭로했다. 월스트리트저널의 주장을 요약하면 이렇다.

첫째, 페이스북은 사회적으로 유해한 콘텐츠를 점검하는 기준을 모든 이용자에게 똑같이 적용한다고 말하면서도, 일부 유명 이용자에게는 이를 면제시켜주고 있었다고 밝혔다. 일반인들에게는 규제 대상 게시물을 올리면 삭제하거나 계정을 폐쇄하는 등 엄격하게 대응했지만, 자사가 지정한 'VIP'가 올린 게시물은 'XCheck'라는 프로그램이 별도로 인지하여, 검열을 면해주었다는 것이다. 연예인, 정치인, 기자 등 사회적으로 영향력 있는 인물의 인종차별·폭력·성적 희롱을 포함한 포스팅을 검열하지 않으면서 그들이 올리는 자극적인 콘텐츠의 영향력이 더욱 커지게 내버려 두었다고 한다.

• 2021년 9월, 월스트리트저널은 '페이스북 파일'이란 제목 아래 페이스북의 내부 실상을 고발하는 기획 기사를 내보냈다. [이미지: 월스트리트저널의 페이스북 파일 기사]

둘째, 페이스북은 내부 연구를 통해 인스타그램이 다른 소셜 미디어 플랫폼에 비해 10대 소녀들에게 특히 해롭다는 연구 결과를 얻었음에도, 그들의 핵심 고객층을 잃지 않기 위해 그 내용을 제대로 공개하지 않았다는 주장이다. 연구 결과에는 '10대 소녀의 32%는 컨디션이 안 좋을 때 인스타그램을 하면 오히려 기분이 더 나빠진다', '인스타그램의 신체, 외모 비교 등의 영향으로 영국의 10대 중 13%, 미국 10대 중 6%가 자살 충동을 경험한 적이 있다'는 내용도 포함되어 있다. 인스타그램 사용자의 40%가 20대 초반 이하이고, 미국에서는 매일 약 2200만 명의 10대가 접속하는 상황에서, 사회적으로 부정적인 인식을 줄 수 있는 연구 결과를 외부에 적극적으로 공개하지 않았다는 지적이다.

셋째, 페이스북 경영진은 오랫동안 내부의 인공지능 솔루션이 소셜 미디어 플랫폼의 고질적인 문제를 해결할 것이라고 말해왔다. 그러나 월스트리트저널은 페이스북의 내부 문서를 보면 그러한 미래가 훨씬 멀리 있다고 지적한다. 페이스북 내부 직원들의 얘기에 따르면, 현재 보유한 자동 검열 알고리즘의 수준이 미흡하여 규칙을 위반한 게시물 중 일부만을 형식적으로 담당자가 직접 삭제하고 있다는 것이다. 그들은 페이스북 검열 알고리즘이 닭싸움 영상과 자동차 충돌 영상조차 정확히 구분하지 못하는 수준이라고 비꼬기도 했다.

월스트리트저널은 그 밖에도 여러 근거를 들어 페이스북의 문제점을 지적했다. 기사가 나온 지 한 달 만에 페이스북이 사명을 바꾸자 사람들은 "페이스북이 비난 여론을 상쇄하려고 일부러 이벤트를 만들었다", "논란으로부터 화제를 돌리려는 시도로 보인다"고 지적하는 등 부정적 여론이 형성되기도 했다.

면피가 아니라 혁신의 과정

페이스북이 사명을 바꾼 것은 비즈니스 혁신을 위한 필연적인 과정 중 하나로 바라보는 의견도 있다. 테크 기업이 기술의 진화와 비즈니스 혁신 과정에서 사명을 바꾸어 새로 투자를 받고 여러 가지 시도를 하는 것은 자연스러운 흐름이라는 관점이다.

실리콘밸리에서는 기업이 사업 구조 재편을 널리 알리거나 회사의 거대한 변화와 혁신을 앞두고 리브랜딩을 하는 경우가 종종 있다. 예를 들어, 2015년 구글은 여러 사업부를 나누는 작업을 추진하면서 '알파벳Alphabet'이라는 이름의 모회사를 만들었다. 구글은 새롭게 추진하는 다양한 분야의 기술 혁신과 비즈니스 적용이 독립적으로 수행되고, 투자가 더 원활하게 진행되도록 하겠다는 목표를 세우기도 했다.

마크 저커버그는 사실 예전부터 소셜 미디어 기업을 메타버스 회사로 만들겠다는 의도를 밝혀왔다. 그는 현실세계와 가상세계를 혼합한 메타버스 세계를 주도하기 위해, 현재의 비즈니스를 혁신해나가는 과정이라고 얘기한다.

최근 다수의 게임 업체도 메타버스 세계를 구축하려는 야망을 드러내고 있다. 대표적인 메타버스 게임으로 꼽히는 '포트나이트Fortnite'를 보유한 에픽게임즈Epic Games의 CEO 팀 스위니Tim Sweeney는 "과학소설에 주로 등장하는 메타버스를 만드는 것이 목표"라고 한다. 또한 미국의 반도체 제조업체인 엔비디아NVIDIA의 CEO 젠슨 황Jensen Huang은 "인류의 디지털 쌍둥이인 가상세계를 만들고 싶다"라고 말했다.

・ 2021년 10월 28일, 마크 저커버그 페이스북 CEO는 메타버스 사업을 강화하며 사명을 '메타'로 변경한다고 발표했다. [이미지: 유튜브 Meta]

이처럼 글로벌 선도 테크 기업들은 현실세계를 대체하는 가상세계를 만들고, 혹은 가상세계와 현실세계를 연결하는 과정에서 기존의 비즈니스와 경쟁 구도를 탈피하고자 한다. 그리고 이 과정에서 전 인류의 소비자들에게 기존과는 다른 새로운 가치와 혁신을 제공하려 한다. 이것이 곧 메타로의 변화, '메타 트랜스포메이션'이다. 페이스북뿐만 아니라 수많은 테크 기업들은 거대한 도전을 시작하고 있다. 향후 기업들의 메타 트랜스포메이션은 어떤 방향으로 진행될까?

웹 3.0 시대를 적극적으로
맞이하는 기업들

현대 디지털 분야는 어떻게 발전해왔을까? 인간이 디지털 장치와 상호 작용하는 방식의 변화를 기준으로 두면 역사적으로 세 단계를 거쳤다고 볼 수 있다. 첫 번째는 1984년 애플Apple의 첫 개인용 컴퓨터 매킨토시Macintosh 출시와 함께 대중화된 그래픽 인터페이스 혁신, 두 번째는 1990년대 월드 와이드 웹World Wide Web 기술을 기반으로 인터넷이라는 가상공간으로 전 세계를 연결한 네트워크 혁신이다. 그리고 세 번째는 2007년 스마트폰의 탄생과 함께 현재까지도 진행되고 있는 모바일 기반의 사용자 혁신이다.

기술이 인간에게 제공한 가치를 기준으로 보면 또 다른 구분법이

존재한다. 몇 해 전부터 실리콘밸리의 뜨거운 감자로 떠오르고 있는
웹 1.0, 2.0, 3.0으로 구분하는 방법이다.

소비와 생산을 함께 하는 웹 2.0 시대

먼저 웹 1.0 시대는 1984년 매킨토시의 출시와 1990년 월드 와이
드 웹 인터넷 탄생 시기를 묶어 부르며, 웹이라는 가상공간을 인류가
처음으로 활용하게 된 시기를 일컫는다. 웹 1.0 시대에 기업들은 웹
사이트를 구축하여 정보를 제공했고, 이용자들은 제공되는 정보를
수동적으로 소비하기만 했다. 그러나 2000년대 전후로 웹 이용자들
은 정보의 생산과 소비를 동시에 하는 프로슈머로서 역할을 확대해
나갔다. 그리고 2007년 스마트폰이 탄생하면서 정보의 생산과 소비
의 경계가 완전히 무너졌다. 이 시기를 바로 웹 2.0 시대의 시작으로
본다.

웹 2.0 시대에는 개인을 중심으로 데이터가 생산되고, 데이터를
기반으로 콘텐츠가 제작되기 시작했다. 다만 그 과정에서 대형 플랫
폼들은 콘텐츠 유통과 이용자 네트워킹의 매개 역할로 영향력을 키
우게 되었다.

웹 2.0 시대의 대표적인 플랫폼 형태가 바로 소셜 네트워크 서비

스(SNS)다. 페이스북, 인스타그램과 같은 소셜 네트워크 서비스는 직접 콘텐츠를 생산하는 것이 아니라, 개인이 생산한 콘텐츠를 유통하고, 연결해주는 매개자다. 우리는 웹 2.0 시대를 대표하는 '황금 삼각형'으로 모바일, 소셜, 데이터를 꼽는다. 개인들이 위치나 상황에 관계없이 모바일을 통해 데이터를 적극적으로 생산하고, 소셜이 개인들의 데이터를 유통해주는 구조다.

탈중앙화를 지향하는 웹 3.0 시대

―

웹 3.0 시대는 탈중앙화, 개인화, 지능화로 표현되는 시대이다. 웹 3.0 시대의 대표적인 기술은 '블록체인$_{blockchain}$'이다. 이 기술은 간단히 말하면 블록에 데이터를 담아 체인 형태로 연결한 다음, 수많은 컴퓨터에 이를 동시에 복제해 저장하는 분산형 데이터 저장 기술이다. 거래 주체와 거래 기관만 거래 정보를 보유하는 기존의 금융 거래 방식과 달리, 블록체인은 거래 주체의 거래 정보가 담긴 원장(블록)을 블록체인 네트워크 참여자 모두가 나누어 가진다. 이러한 분산형 데이터 저장 기술은 중앙화된 조직 구조와 소통 구조를 완전히 바꾸고 있다.

현대의 조직 구조와 정보 처리 방식은 대부분 중앙 집중화된 구조를 띤다. 중앙은행이 모든 것을 통제하는 화폐 시스템, 위에서 아래로 내려오는 정부 혹은 기업의 의사결정 구조, 대형 플랫폼의 영향력이 막강한 데이터 유통구조 등이 대표적 사례다.

그러나 웹 3.0 시대에는 대형 플랫폼의 역할이 줄어들고 개별 주체 혹은 다수의 공유 그룹이 데이터를 보유하며 부가가치를 나눠 가질 수 있다. 몇몇 플랫폼이 데이터를 독점하여 그 영향력을 과대 활용하는 횡포를 막고, 정보의 생산자인 개인들이 그 혜택을 직접 받아가는 형태로 진화 가능하다. 이를 통해 정보가 한 방향으로 흐르는 것이 아니라 공정하게 다 방향으로 흐르고 활용되는 효과도 얻는다.

웹 1.0, 웹 2.0, 웹 3.0 시대 비교

	웹 1.0	웹 2.0	웹 3.0
전달 가치	공급자 의도	상호 소통	개인 최적화
정보 유통 방식	공급자가 제공	제한된 양방향	공급자, 수요자 구분 모호
정보 권력	중앙화	집중화 (플랫폼)	탈중앙화
핵심 기술	HTML	모바일	블록체인

웹 3.0 시대의 플랫폼은 어떤 모습일까

중앙화된 정보가 분산화되고, 플랫폼의 부가가치를 구성원이 나누어 가지는 웹 3.0 시대의 플랫폼은 어떤 모습일까? 대표적인 사례 몇 가지를 살펴보자.

대형 플랫폼에 맞선 협동조합 플랫폼

2017년 캐나다에서는 우버를 비롯한 차량 공유 플랫폼의 문제점을 해결하기 위해 협동조합 에바Eva가 설립되었다. 에바는 기사와 승객이 조합원으로 참여해 민주적으로 운영하며, 공정하게 수익을 배분한다. 에바의 특징은 블록체인을 활용한다는 점이다. 정보가 본사로 집중되는 걸 막아 데이터 독점 문제가 발생하지 않으며 개인정보를 암호화해 저장한다. 만약 정부가 공공 목적으로 정보를 요청하더라도 보안을 유지하면서 활용하게 할 수 있다.

2021년 뉴욕에서도 운전자 2500여 명이 운전자 협동조합을 결성했다. 이들은 우버와 리프트가 고용보험이나 최저임금 등을 보장하지 않으면서 운전자들을 착취하고 있다고 주장했다. 이 협동조합을 통해 운전자들은 운전 데이터를 주고받고, 공동의 방식으로 의사 결정하여 대형 플랫폼에 대응한다.

애플의 헬스킷

애플의 헬스킷Health Kit이라는 앱은 환자들이 앓는 병에 대한 구체적인 증상, 상태, 대응 정보를 플랫폼을 통해 수집하고 수집된 데이터를 약 제조사들이 제약 개선에 활용하도록 제공한다. 그 대가로 환자들에게는 합리적인 가격으로 약을 제공한다. 또한 환자들은 직접 제공한 데이터들이 축적되는 과정에서 나에게 최적화되고 맞춤화된 진료 정보 및 각종 건강 정보를 제공받을 수 있다. 데이터 제공자인 개인, 데이터 활용자인 제약사 모두가 윈윈win-win하는 구조이다.

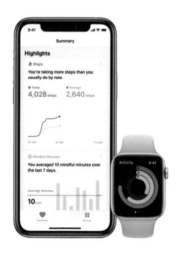

• 개인의 건강 데이터를 공유하는 애플의 헬스킷 [이미지: 애플 홈페이지]

에어박스

대만에는 집집마다 '에어박스AirBox'라는 것이 설치되어 있다. 에어박스는 대만의 한 국립대학에서 개발한 실내공기 유해성분 감지 시스템이다. 시민들이 에어박스를 각자 집에 설치하면 이를 통해 수집된 데이터가 대학 연구소로 공유된다. 공유된 데이터는 연구 개발, 성능 개선 등에 활용되고, 참여한 시민들은 다른 형태의 보상을 받는다.

데이터 간의 관계를 스스로 분석하는 '시맨틱 웹'

웹 3.0 시대의 또 다른 대표 기술은 시맨틱 웹Semantic Web이다. 시맨틱 웹이란 '의미론적인 웹'이라는 뜻으로, 데이터 간의 관계나 의미를 기계가 스스로 분석하고 처리하는 웹 기술이다. 현재의 컴퓨터처럼 사람이 마우스나 키보드를 이용해 원하는 정보를 찾아서 눈으로 보고 이해하는 웹이 아니라 컴퓨터가 스스로 이해한다. 이 기술을 기반으로 컴퓨터는 자동으로 웹 페이지에 담긴 내용을 해석하고, 이용자 개인에게 맞춤화된 정보와 서비스를 제공한다.

예를 들어 '여행 정보'라는 검색어를 포털 사이트 검색 창에 입력하면 필요하지 않은 문서들이 검색되는 경우가 많다. 자신에게 필요한 정보가 무엇이고, 어디에 있는지 직접 하나씩 확인해야 하는 셈이다. 하지만 시맨틱 웹 기술이 적용된 프로그램을 이용하여 대략적인 여행 일정과 개인의 기호를 알려주면 개인에게 최적화된 여행 정보만을 제공해준다.

그리고 이용자가 '오른쪽 배가 아플 때', '오른쪽 배가 콕콕 쑤신다' 등을 이틀에 한 번씩 검색하고, 몇몇 게시물들을 자주 클릭했다면, 시맨틱 웹은 이 증상이 '맹장염'이라는 것을 인지하고, 맹장염 수술이 현재 가능한 병원 또는 명의를 찾아서 정보를 선제적으로 제공해주기도 한다.

디지털 사회가 되면서 정보는 방대해졌지만 어떤 웹사이트에서 어떤 키워드로 검색을 해야 원하는 정보를 찾을 수 있을지 몰라 헤매는 경우가 있다. 또한, 검색을 했을 때 불필요한 정보가 너무 많이 노출되어 필요한 정보를 찾기까지 시간을 허비하는 경우도 있다. 그러나 시맨틱 웹 기술은 이용자의 의도를 파악하여 불필요한 정보는 제거하고, 중요하다고 생각되는 정보를 보여준다.

마이크로소프트가 웹 3.0을 도입하는 이유

글로벌 선도기업들도 웹 3.0을 적극적으로 도입하기 시작했다. 현재 디지털 경제를 주도하는 기업들은 대부분 플랫폼 비즈니스 즉, 웹 2.0 시대의 혜택을 누리고 있는 기업들이다. 웹 3.0을 도입함으로써 그들의 영향력이 약화될 우려가 있음에도, 시대적 요구에 따라 웹 3.0으로의 전환에 적극 나선 기업들이 있다.

마이크로소프트Microsoft가 대표적이다. 마이크로소프트는 1981년 MS-DOS라는 운영체제를 시장에 내놓으면서 디지털 업계에서 가장 먼저 플랫폼 비즈니스를 시작한 업체라고 할 수 있다. 당시 MS-DOS의 시장 지배력은 급격히 확대되어, 1980년대 중반 이후 거의 모든 개인용 컴퓨터에는 MS-DOS를 운영체제로 활용했다. 이후 MS-Windows로 영향력이 이어지면서 운영체제 시장의 독점적 플랫폼으로서 입지를 다졌다. 그러나 2010년대 이후 마이크로소프트도 웹 3.0 시대로의 변화를 감지하고 전략적 변화를 시작했다. 독점적 형태의 운영체제 모델에서 벗어나, 오픈 소스 같은 협력 생태계를 구축해 스스로 독점을 해제하고 있다.

최근 국내에서 개최된 데이터 관련 콘퍼런스에서 글렌 웨일Glen Weyl 마이크로소프트 수석연구원은 '데이터 협동모델Data Cooperative Model'이라는 개념을 발표했다. 그는 데이터를 기업이 소유하는 것이 아니라 다수의 개인으로 구성된 협동조합이 데이터를 보유하고, 기업들은 협동조합과의 관계를 통해 데이터를 공유받아 활용하며, 개인들은 기업의 데이터 활용 대가를 돌려받는 모델을 제안했다. 데이터 협동조합은 개인이 대형 플랫폼에 효과적으로 데이터를 흥정할 힘을 주고, 자신의 데이터가 어떻게 사용되는지 정보를 제공받을 수 있게 한다. 기업들이 데이터를 활용한 대가를 개인에게 돌려주면, 개인은 더 질 좋은 데이터를 제공할 동기가 생긴다. 궁극적으로 기업과 개인이 서로 유리할 수 있는 모델이다.

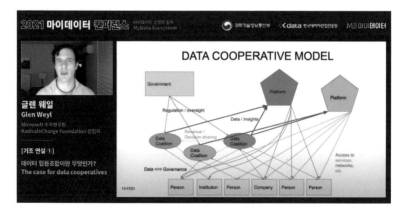

• 2021 마이데이터 컨퍼런스에서 마이크로소프트 글렌 웨일 수석연구원은 '데이터 협동조합이란 무엇인가'라는 주제로 기조연설을 했다. [이미지: 마이데이터]

지금부터 준비해야 할 미래, 웹 3.0 시대

마이크로소프트 외에도 시장을 선도하는 많은 기업들이 웹 3.0 시대에 적합한 비즈니스 모델로 전환하기 시작했다. 그들은 현재 자신들이 다져놓은 시장 내 입지가 축소될지도 모른다는 리스크를 감수하고서라도, 새로운 변화에 적극적으로 대비하고 있다. 마이크로소프트의 데이터 협동모델뿐만 아니라, 최근 유행하고 있는 메타버스, NFT, 암호화폐, 시맨틱 웹, DAODecentralized Autonomous Organization 등은 모두 웹 3.0 시대의 핵심 기술이자 트렌드이다.

물론 웹 3.0 시대로의 완전한 전환은 가까운 미래의 일은 아닐 것이다. 아직 해결해야 할 기술적, 사회제도적, 비즈니스적 문제가 많다. 다만, 데이터의 권한과 혜택을 개인에게 돌려주고, 공정하고 합리적인 데이터 중개와 거래가 이루어지며, 분산형 데이터 저장 기술로 데이터 보안에도 강하다는 점이 점차 두드러지면서 관심이 더욱 커지고 있다. 기술의 발전 속도가 더욱 빨라지고 있는 지금, 웹 3.0 시대는 우리가 막연히 예측하는 미래가 아니라 서서히 준비해야 하는 미래이다.

시장을 주도할 것인가 독점할 것인가

마크 저커버그는 사명을 메타로 바꾼 이후 설명회에서 메타버스를 "마우스 클릭처럼 쉽게 시공간을 초월해, 멀리 있는 사람과 만나고 새로운 창의적인 일을 할 수 있는 인터넷의 다음 단계"라고 말했다. 이날 저커버그가 소개한 메타버스 세계는 마치 영화 속 같았다. 실제 안경과 똑같이 생긴 디바이스를 끼면 눈앞에 홀로그램으로 각종 화면과 3D 그래픽이 뜬다. 손가락으로 이를 클릭하고 홀로그램을 돌려보다가 동료에게 전화하면, 먼 곳에 있는 동료의 아바타가 눈앞으로 소환된다. 아바타 형태의 친구들과 둘러앉아 카드 게임을 할 수 있고, 아바타끼리 탁구를 치거나 3대 3 농구를 할 수도 있다.

• 마크 저커버그가 메타버스 속 자신의 아바타를 소개하는 모습 [이미지: 유튜브 Meta]

저커버그는 "우리는 메타버스를 위한 하드웨어 개발에도 열중하고 있다. 성능도 좋고, 보기에도 좋으며, 착용하기 수월한 기기를 만드는 데 집중하고 있다"고 말한다. 메타는 플랫폼뿐만 아니라 왓츠앱WhatsApp, 인스타그램 및 VR 헤드셋 제조업체인 오큘러스Oculus를 소유하고 있다. 2020년 10월 출시한 메타의 VR기기 오큘러스 퀘스트 2Oculus Quest 2는 출시 2분기 만에 누적 판매량 460만 대로 시장 점유율 75%(2021년 1분기 기준)를 차지했다.

'메타' 세상을 위한 저커버그의 계획

메타는 인류에 바람직한 가상세계를 제시하기 위한 중요한 지식 (사람들이 온라인에서 행동하는 방식, 성격, 좋아하는 것과 싫어하는 것, 걸음걸이, 눈 움직임, 감정 상태 등)을 수집할 환경을 갖추어가고 있다. 또한 메타의 AR·VR 디바이스와 소프트웨어 개발을 전담하는 리얼리티 랩Reality Labs이라는 연구소도 만들어 메타버스 내 이용자들이 다른 사람들과 한 공간에 있다는 '존재감'을 제공할 수 있도록 각종 기술을 연구하고 있다.

저커버그의 계획은 다음과 같다. 향후 5년 이내에 메타가 보유한 플랫폼들을 메타버스로 전환하는 것과 향후 10년 이내에 마치 휴대전화처럼 전 세계 모든 사람이 VR과 AR*을 지원하는 디바이스를 하나씩 보유하는 세상을 만드는 것이다. 이를 성공시키려면 자사 디바이스의 진화뿐만 아니라, 타사의 플랫폼과 상호 운용할 수 있게 만드는 것도 중요하다. 즉, 메타에 우호적인 기술 생태계를 만드는 것이다.

---

* VR과 AR은 어떻게 다를까? VR은 가상현실이라는 뜻으로 이미지, 주변 배경, 객체 등 모두를 가상의 이미지로 만들어서 보여주는 것이고, AR은 증강현실이라는 뜻으로 현실세계의 이미지에 가상의 이미지를 추가하여 보여주는 기술이다.

비용이 많이 들겠지만 메타가 메타버스 전환의 선도자 입장에서 독자적으로 모든 것을 만들어가는 것보다, 메타와 협력할 수 있는 다른 기업들의 참여를 끌어내는 것이 장기적으로 훨씬 효과적이다. 예를 들어, 메타의 AR·VR 디바이스와 다른 메타버스 서비스의 플랫폼이 쉽게 연동될 수 있거나, 메타의 플랫폼에도 다른 플랫폼 서비스의 AR·VR 디바이스가 쉽게 연동될 수 있다면 시장을 더 빠르게 발전시키고 확장할 수 있을 것이다. 기술 생태계 내 완전한 상호 운용성을 만드는 것은 중장기적으로 메타에 우호적인 시장을 형성하는 데 중요한 역할을 하기 때문이다. 저커버그의 고민은 여기서 시작된다.

이익을 극대화할 것인가, 시대를 주도할 것인가

지난 웹 2.0 시대의 최대 강자였던 애플은 폐쇄적 오픈 플랫폼 Closed Open Platform 형태의 앱스토어를 구현하여 생태계의 중심에 우뚝 섰다. 공급자와 수요자를 연결해주는 오픈 플랫폼 형태를 취하지만, 궁극적으로는 자신들의 플랫폼 내에서만 거래가 가능한 닫힌 형태 즉, 락인Lock-in을 추구했다.

하지만 페이스북에서 메타로의 전환은 현재의 우위를 유지할 수 없는 상황을 만들 수 있다. 그렇기 때문에 자사의 이익을 지키는 것과 웹 3.0 시대를 주도하는 것 사이에서 저커버그는 갈등한다. 그는 메타버스 세상이 웹 3.0의 시대, 즉, 모든 것이 개방되고 상호 운용되며, 개인이 모든 네트워크의 최상위에 서는 시대가 될 것으로 예측한다. 이와 동시에, 메타가 이를 구현했을 때 현재 누리고 있는 이익의 많은 부분을 다른 플랫폼 혹은 개인 이용자에게 나눠줘야 하는 상황을 우려한다.

저커버그는 이 고민을 해결하기 위해 메타가 향후 플랫폼 제공자, 디바이스 생산자일 뿐만 아니라 가상 상품과 경험을 판매하는 콘텐츠 생산자로서 어떻게 수익을 창출할지에 초점을 맞춘다. 웹 3.0 시대에 저커버그는 자신들이 제공하는 가치, 상품, 서비스의 확대를 통해 메타버스 생태계 전체의 확장력을 키워 보완하고자 한다.

'메타'는 메타버스의 선도자가 될 것인가

새로운 메타버스 세상을 상상해보자. 가까운 미래에 우리는 나의 아바타에 입힐 옷을 구입하기 위해 상당한 비용을 내게 되지 않을까? 아니면 가상 영화관에서 최신 영화를 보려 하지 않을까? 혹은 내가 이용하는 가상세계 플랫폼들을 넘나들며, 가상자산을 활용하게 되지 않을까?

주변 사람들이 하나둘 메타버스 세상에서 새롭고 재밌는 경험을 하기 시작하면 자연스레 가상세계에 대한 두려움이 사라질 것이며 메타버스 생태계는 점점 더 확장될 것이다. 메타의 선도적인 노력은 현재 초기 시장이라 볼 수 있는 메타버스 전환에 있어 선도자의 이점을 구축하려는 것이다. 그들은 자신들이 원하는 방향으로 생태계를 이끌어 많은 기회를 얻고자 한다. 일단 메타 중심의 표준 생태계가 자리를 잡게 되면, 신규 경쟁자들이 라이벌 생태계를 만드는 데 매우 큰 비용을 지불해야 할 것이기 때문이다. 과거에 저커버그가 글로벌 표준이 된 최초의 소셜 미디어 플랫폼을 만든 것처럼 말이다.

PART 3

메타버스, 가상과 현실이 결합하다

언택트 시대를 넘어 가상 경험의 시대로

코로나19가 세상에 끼친 부정적인 영향은 이루 말할 수 없다. 특히 소상공인의 피해는 심각하다. 정부의 규제 방침에 따라 전 세계 수많은 국가의 상점은 문을 닫고 단축 영업을 해야 했다. 그 여파로 손님이 줄고 매출이 급감해 소상공인들은 여전히 힘겨운 시간을 보내고 있다.

그러나 코로나19가 인류에 가져온 변화는 반드시 부정적인 것만은 아니다. 특히 언택트Un-contact 시대의 도래는 코로나19가 가져온 가장 큰 변화다. 물론 언택트 시대가 우리 삶에 갑자기 등장한 것은 아니다. 디지털 기술이 일상을 파고든 2000년대 전후부터 다수의 업종에서 언택트 시스템은 존재했다. 일부 영역 혹은 특정 기능을 중심으로 조금씩 확대되던 중이었다. 2000년에 중국집에 자장면 배달 주문을 하려면 전화를 직접 걸어야 했지만, 내가 좋아하는 가수의 콘서트 표는 온라인 웹으로 예매할 수 있었던 것처럼 말이다.

이렇게 서서히 영역을 넓혀가던 언택트 서비스는 코로나19로 총체적이고 전방위적으로 확대됐다. 이전까지 언택트 서비스가 구축되어 있지 않았거나, 구축은 되어 있어도 활성화되지 않은 영역에까지 언택트 시스템을 확대하여 적용하고 있다.

유통업계에 혁신을 일으킨 플랫폼 '정육각'

'정육각'이라는 스타트업은 도축된 돼지고기를 가장 신선할 때 소비자 밥상에 올린다는 목표로 유통업계에서도 가장 보수적인 축산업계를 비집고 들어가는 데 성공했다. 축산 유통업은 가공이라는 과정이 존재하는 만큼 이미 완성된 상품을 판매하는 유통업계와 다르게 소비자의 요구가 반영될 여지가 큰 편이었음에도, 전통적인 유통구조와 관행으로 지금껏 공급자 중심으로 흘러왔다.

그래서 소비자들은 마트나 시장에 진열된 상품 중에서만 선택적으로 소비할 수밖에 없었다. 그러나 이제 정육각 플랫폼을 이용하면

원하는 두께, 등급, 가격, 배송 시간 등에 맞춰 도축된 지 4일 이내의 돼지고기를 당일에 받아볼 수 있다.

유통업계에서 오프라인 거래가 온라인으로 올라가는 것은 이미 흔한 일이지만, 소비자의 기호나 선호를 반영해 판매하는 것은 새롭다. 또한, 정육각은 신선도를 극대화하기 위해 제조 이전의 원물 재고를 타이트하게 관리하는 'JIT$_{Just\ In\ Time}$ 생산' 체계를 구축했다. 매일 판매할 주문량을 예측하기 위해 날씨·요일·계절·성별·언론보도 등 여러 요인에 따라 변화하는 실시간 신선식품 수요 알고리즘을 개발하고 이를 연계한 자동 발주 시스템을 만든 것이다. 여기에 IT 기술 기반의 공장 자동화 시스템을 갖추고 소비자 주문이 들어오는 만큼만 생산하고 최소한의 재고를 냉장창고에서 유지하는 '온디맨드On-Demand* 생산' 체계를 구현했다고 한다.

편리함과 재미, 두 마리 토끼를 잡는 VR 쇼핑

아예 과감하게 메타버스로의 채널 전환을 시도하는 업체들도 있다. 2000년대 이후 발전해온 전자상거래 기술은 유통과정에 있어 소비자의 결제를 손쉽게 만든 것이 가장 큰 변화이다. 소비자들은 판매업체가 올려놓은 정보를 기반으로 '구매 결정'을 하고, 최종적으로 '결제'라는 행위를 버튼 하나로 진행한다.

사실 온라인 쇼핑은 '상점에 직접 가지 않아도 된다', '클릭 몇 번으로 결제할 수 있다', '문 앞까지 배송받을 수 있다'라는 장점이 있지만, 오프라인 쇼핑을 완전히 대체하지는 못한다. 쇼핑은 상품을 직접 눈으로 보고 만지고, 여러 매장을 돌아다니며 구경하고 비교하며 카트에 담는 것까지가 한 과정이다. 그러나 온라인 쇼핑은 그러한 과정이 생략되어 있다. 편리하기는 하지만 쇼핑이라는 '경험'이 주는 재미는

---

* 공급 중심이 아니라 수요가 모든 것을 결정하는 시스템이나 전략 등을 총칭하는 말

적다. 그리하여 최근 유통업계는 VR과 AR 기술을 통해 메타버스를 도입하여 편리함과 경험적 재미를 동시에 제공하고자 한다. 월마트의 VR 쇼핑 경험을 한번 살펴보자.

모처럼 한가한 주말, 거실에서 뒹굴다 보니 갑자기 와인이 먹고 싶다. VR 디바이스를 착용하고, 월마트 쇼핑을 선택한다. 지난주에 다녀온 월마트 뉴욕점 입구가 보인다. 문을 열면 인공지능 점원이 나를 반겨준다. 그의 도움을 받을 수도 있고, 아니면 혼자 와인 코너를 찾아갈 수도 있다. 와인 코너에 다다르면, 실제 마트와 똑같은 와인 진열대가 보인다. 와인을 하나둘 손으로 집어 보며 비교한다. 내가 원하는 원산지, 품종, 가격대의 제품을 선택하여 카트에 담는다.

와인 옆 진열대에는 내가 마트 방문 때마다 와인과 함께 구입했던 치즈가 보인다. 인공지능 점원은 와인 페어링을 해보라며 적극적으로 권한다. 안 살 수가 없다. 치즈를 얼른 집어 카트에 넣는다. 만족스러운 쇼핑을 끝내고 '결제'라고 말하여 결제 창을 띄운다. 배송 방법을 선택하는 창이 뜨고, 특급 배송을 선택한다. 불과 몇 시간 뒤 저녁 식사시간에 딱 맞추어 와인과 치즈는 우리 집에 배달된다.

월마트의 VR 쇼핑은 실제 마트에 방문하여 물건을 고르고, 선택하고, 쇼핑 카트에 넣고, 데스크에서 결제하는 경험을 실제와 매우 유사하게 가상에서 경험하게 해준다. 이용자들은 물건을 빠르게 구입할 수 있을 뿐 아니라, 쇼핑 과정에서의 재미와 다양한 경험까지 충족할 수 있다.

• 월마트는 VR 쇼핑을 통해 고객이 실제 마트에서 쇼핑하는 듯한 경험을 제공할 예정이다. [이미지: 월마트]

눈앞에 가게의 정보가 저절로 뜬다면?

AR 기술도 쇼핑 영역에 파고들고 있다. AR의 기본적인 작동방식은 현실세계에 데이터를 겹쳐서 제공하는 것이다. 이용자가 현실의 공간이나 사물을 인식할 때, 눈과 귀를 통해 얻을 수 있는 정보는 제한적이다. 하지만 AR 기술을 활용하면 가상공간의 디지털 데이터를 현실세계에 겹쳐서 제공할 수 있어 이용자는 눈과 귀를 통해 얻는 정보보다 더 많은 정보를 얻을 수 있다. 예를 들어, 명동의 쇼핑거리에 AR을 적용하면 다음과 같은 경험이 가능하다.

> 모처럼 필요한 물건을 구입하기 위하여 명동 쇼핑거리에 갔다. 코로나 시국이라 예전처럼 모든 상점에 들르면서 쇼핑하기는 부담스럽다. 스마트폰에서 명동 쇼핑 AR 어플을 실행한다. 길을 가면서 카메라로 가게들을 하나하나 비춰보면, 어떤 상품이 있고, 재고가 몇 개 있는지 그래픽과 텍스트로 일목요연하게 보인다. 내가 좋아하는 브랜드 매장이어도 원하는 상품의 재고가 없으면 지나친다. 마침 내가 원하는 브랜드에 사려고 했던 상품의 재고가 있는 것을 확인했다. 가게에 들어가자마자 그 상품을 콕 집어 요청한다. 결제하고 상품을 받아 나오기까지 고작 3분이 걸렸다.

쇼핑을 끝내니 목이 마르다. 눈앞에는 카페나 편의점이 보이지 않는다. 쇼핑 AR 어플을 통해 '카페'라고 검색한다. 화면 속에 200미터 앞에 카페가 있다고 정보가 뜬다. 마음 편히 200미터를 직진하니 카페가 있다.

AR 쇼핑을 이용하면 물건을 직접 확인하지 않아도 된다. 어떤 품목의 재고가 몇 개 남았는지 내가 원하는 색깔이 있는지 등 상세 정보를 실시간으로 얻을 수 있어서 쇼핑이 한결 수월해진다. 옷을 구입하면 셀카 기능을 이용하여, 나랑 잘 어울리는지 몸에 대어볼 수 있다. 물론, 실제로 물건을 입어보는 것이 아니라 가상공간의 그래픽과 현실을 겹쳐서 보여주는 착시를 활용한 것이다.

• AR 기능을 이용하면 가게들의 정보를 눈으로 바로 확인할 수 있다.

스웨덴의 가구업체 이케아IKEA는 최근 코로나 팬데믹으로 인해 오프라인 매장에 손님이 줄어들자 AR 기술을 접목한 애플리케이션 '이케아 플레이스IKEA Place'를 출시했다. 이케아 플레이스는 가상으로 가구를 집에 배치해볼 수 있는 시뮬레이션 서비스이다. 사고 싶은 가구를 거실이나 방의 빈 곳에 화면을 가져다 대면, 실제 공간에 가구가 배치되어 보이기 때문에 가구가 공간과 잘 어울리는지 미리 확인할 수 있다. 덕분에 사람들은 직접 매장을 가지 않아도 현실로 착각할 만큼 정교한 가상공간에 사고 싶은 가구를 배치해보면서 구매를 결정할 수 있다.

· 이케아 플레이스를 통해 가상으로 실내에 가구를 배치하면서 방향과 크기를 원하는 대로 조정할 수 있다. [이미지: 이케아]

스마트폰 화면 속에 있는 거실에 이케아의 쇼파를 배치해본 사람들에게는 스마트폰 화면이 작은 메타버스 세상이다. 만약 눈앞의 세상을 "현실과 너무 괴리가 크고 조잡하다"라고 인식한다면 메타버스가 아니지만, "정교하고 현실로 착각할 만하다"라고 인식한다면 바로 그것이 가상과 현실이 결합하는 메타버스 세상이 된다.

최근 한 설문에 따르면 코로나 팬데믹 이후에도 61%의 소비자들은 계속해서 이전보다 더 많은 시간을 온라인에서 보낼 것이라고 한다. 지금까지의 이커머스 플랫폼이 24시간 쇼핑을 가능하게 했다면, 향후 메타버스 쇼핑 플랫폼은 시간과 공간의 제약을 넘어서서, 오프라인 쇼핑과 온라인 쇼핑이 혼합되고 연결되는 쇼핑의 경험을 제공하게 될 것이다.

가상세계가 현실세계로 들어오다

가상세계는 어떻게 만들어질까? 최근 VR, AR 기술 등 가상세계를 창조하는 기술이 발전하면서, 우리는 가상공간을 적극적으로 활용하기 시작했다. 그러나 가상세계가 어떻게 창조되고 현실세계와 연결되는지 그 과정과 기술적 개념을 이해하기는 쉽지 않다.

먼저 웹 1.0 시대로의 변화를 '가상세계 창조 혁명'으로 칭할 수 있다. 20세기 후반 IT 분야가 급속도로 발전하면서 정보를 처리·저장·통신·결합·복제하는 비용이 급격히 낮아졌다. 이에 따라 현실세계에 있던 많은 정보가 인터넷으로 이동하면서 가상세계라 불릴 수 있는 공간이 구축되었다. 이것이 곧 3차 산업혁명이다.

현실세계를 가상세계로: 3차 산업혁명

1990년대와 2000년대 초반 급성장한 국내외 대표기업으로 구글 Google, 네이버 Naver, 그때 당시 다음 Daum이었던 카카오 Kakao가 있다. 이들은 인터넷 포털 서비스를 구축했다는 공통점이 있다. 포털 서비스란 현실세계에 있던 정보를 가상세계에 축적하고, 정리하여, 이용자에게 보여주는 기술이자 서비스다. 당시에 야후, 라이코스, 알타비스타, 프리챌, 심마니, 엠파스, 나우누리, 천리안 등 수십 개의 포털 서비스 기업이 전쟁을 치렀다. 이렇게 많은 신규 업체가 등장했다가 몇 년 만에 대다수가 사라진 업종은 다른 산업 영역에서는 찾기 어려울 정도다. 그만큼 그때 당시 인터넷 포털 경쟁은 매우 치열했다.

포털은 가상세계의 관문이라 할 수 있다. 현재 우리는 경쟁의 승자로 살아남은 소수의 포털 플랫폼을 통해 현실세계와 연동된 가상세계의 정보를 제공받고 있다. 많은 사람이 '인터넷에 없는 정보는 없다'라는 말에 대체로 동의할 것이다. 이제 우리는 인터넷이라는 가상세계와 우리가 실제 살고 있는 현실세계의 정보가 거의 일치하는 세상에 살고 있다. 3차 산업혁명은 정보화 혁명, 인터넷 혁명으로 불리며, 가상세계를 창조하는 과정이었다. 그리고 가상세계의 창조가 완료되면서 우리는 4차 산업혁명을 맞았다.

가상세계를 현실세계로: 4차 산업혁명

    3차 산업혁명으로 완성된 가상세계가 이제는 현실세계와 상호작용하면서 그 활용도를 높이는 쪽으로 진화하는 것이 4차 산업혁명이다. 학계에서는 4차 산업혁명의 대표적인 기술 개념으로 가상 물리 시스템인 CPSCyber Physical System를 꼽는다. CPS란 가상세계와 현실세계가 서로 연결되어 상호작용하는 것을 말하는데 아래 그림을 참고하면 이해에 도움이 될 것이다.

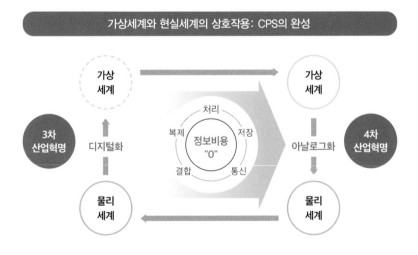

    수년 전부터 우리는 4차 산업혁명의 시대로 접어들었다. 4차 산

업혁명은 '가상세계 창조' 이후의 세계다. 요컨대, 1980년대부터 약 30년에 걸쳐 진행된 3차 산업혁명이 현실세계의 정보를 가상세계로 옮겨 놓는 디지털화Digitalization에 집중했다면, 4차 산업혁명은 가상세계가 현실세계로 회귀하는 아날로그화Analogization 또는 가상세계와 현실세계를 연결하고, 상호작용하는 것에 집중한다. 이 과정에서 가상세계와 현실세계가 동일시되기도 하고, 이를 넘어 오히려 가상세계가 현실세계를 지배하기도 한다.

이제는 우리 주변에 익숙한 존재가 된 자율주행차를 예로 들어보자. 자율주행차가 자율주행을 하다가 왼쪽에는 고양이, 오른쪽에는 어린아이가 있는 상황과 맞닥뜨렸다. 자율주행차에 달려 있는 센서는 고양이와 어린아이의 크기, 떨어진 거리 등을 인식한다(1. 수집). 센서가 이를 인식하는 순간, 고양이와 어린아이는 이제 더 이상 현실세계의 정보가 아니라, 디지털화된 정보인 데이터로 변환된다. 데이터는 우리 눈에 보이지 않는 가상세계로 올라가 눈앞의 대상이 무엇인지에 대해 파악한다(2. 분석). 주로 빅데이터, 클라우드 컴퓨팅 기술이 데이터를 저장, 관리, 분석하는 데 중요한 역할을 한다.

다음은 판단의 과정이다. 만약 브레이크를 밟아도 고양이와 어린아이 모두를 피할 수 없는 상황이라면, 고양이를 치는 선택을 하는 것이 차선책이 될 수 있다(3. 판단). 인공지능 자율주행 기술은 판단 과정의 핵심 기술이다. 최종적으로 인공지능 자율주행 기술은 왼쪽으

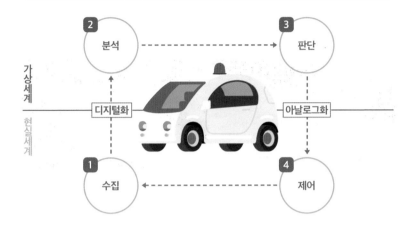

자율주행차의 판단 과정

가상세계 / 현실세계

2 분석 → 3 판단

디지털화 ── 아날로그화

1 수집 ← 4 제어

로 핸들을 꺾으라는 명령을 내리게 되고, 자동차는 왼쪽의 고양이를 치는 움직임을 취하게 된다(4. 제어). 이렇게 자율주행차는 현실세계의 정보를 가상세계에서 데이터화하여 알고리즘을 통해 판단하고 현실세계에 역으로 영향을 준다.

구글 웨이모 자율주행 시스템의 경우 자율주행차가 갖고 있는 라이다$_{Lidar}$라는 센서를 통해 현실세계의 장애물과 거리의 모습, 신호등을 인식한다. 웨이모의 인공지능 시스템은 이러한 정보를 디지털화된 데이터로 처리하여 가상공간에 구현하고 이를 자율주행에 활용한다. 정확히 말하면, 구글 웨이모의 자율주행 시스템은 현실세계를 주행하는 것이 아니다. 현실세계를 똑같이 복제한 가상공간을 주행하는 것이다. 그리고 이것이 결국 우리가 사는 현실세계에서의 움직임을 만든다.

• 구글 웨이모의 자율주행 시스템은 현실세계를 똑같이 복제한 가상공간을 주행하는 것이다. [이미지: 웨이모]

가상공간의 다양한 활용도

현실을 그대로 복제한 가상공간을 우리는 디지털 트윈digital twin이라고 표현한다. 주로 제조업이나 에너지 산업과 같은 전통 산업에서 주로 쓰이는 용어인데, 스마트 공장, 스마트 시티와 같은 지능화, 원격제어가 필요한 산업 영역에서 진화하고 있는 개념이다.

전 세계 스마트 공장을 주도하고 있는 독일의 지멘스Siemens는 디지털 트윈 개념을 적용하여, 현장의 설비를 디지털 공간에 똑같이 구현한다. 작업자가 컴퓨터 속 디지털 트윈을 제어하면 현장의 설비가 그대로 연결되어 실시간으로 제어된다. 지멘스는 원격 제어 솔루션을 통해 많은 고객사의 공장을 스마트 공장으로 탈바꿈시키고 있다.

월마트의 VR 가상 쇼핑, 구글 웨이모의 가상공간을 활용한 자율주행, 지멘스의 가상공간을 활용한 원격 설비 제어 등은 모두 가상세계와 현실세계를 연결 혹은 상호작용하게 하여 새로운 가치를 얻고 있는 사례들이다.

4차 산업혁명, 가상 물리 시스템 CPS, 디지털 트윈, 메타버스 등 시대의 변화에 사용되는 용어는 다양하지만 결국 맥락은 비슷하다. 디지털 기술로 가상세계의 활용도가 높아지고 있는 지금, 가상세계와 현실세계가 연결되고 상호작용하거나, 서로 결합하여 쌍둥이가 되거나, 혹은 아바타를 이용하여 우리가 직접 가상세계로 들어가는 것 모두 같은 맥락의 변화이다.

메타버스,
새로운 우주의 지배자는?

코로나19로 기업의 업무 방식에도 많은 변화가 있었다. 많은 기업이 재택근무나 원격근무를 하나의 정형화된 업무 방식으로 선택했고, 여러 가지 문제로 재택근무를 제대로 도입하지 못한 기업들도 이를 재정비하는 데 큰 투자를 계획하고 있다.

그렇다면 과연 재택근무나 원격근무는 펜데믹 이후에도 대세적인 업무방식이 될 수 있을까? 얼마 전 이 주제와 관련하여 재미있는 보고서가 하나 발표됐다. 가트너가 발표한 「당신과 혼합형(하이브리드) 재택근무 미래 사이에 서 있는 7가지 오해7 Myths Standing Between You and a Hybrid Future of Work」라는 제목의 보고서이다.

재택근무를 하면 생산성이 떨어진다고?

가트너의 보고서는 전 세계 기업들이 가지고 있는 재택근무에 대한 회의적인 시각과 오해들을 다룬다. 중요한 몇 가지만 살펴보면 다음과 같다.

첫째, 코로나 팬데믹이 끝나면 업무 방식도 금방 기존의 방식으로 되돌아갈 것으로 전망한다. 재택근무를 도입하기 위해 인프라와 소프트웨어, 제도 등을 새롭게 정비하여 조직 구성원들 간의 업무와 소통을 원활히 진행하고 있는 기업들은 코로나 팬데믹이 끝나도 재택근무를 유지할 수 있겠지만, 다수의 기업은 울며 겨자 먹기로 재택근무를 급하게 도입했다 보니, 코로나 팬데믹이 끝나면 다시 원래의 업무 방식으로 복귀할 것이라는 인식이 강하다. 그러나 최근 MZ세대 구직자, 이직자를 중심으로 근무 방식이 기업 선택의 중요한 기준으로 여겨지는 것을 보면 재택근무의 활용 여부 및 성과가 향후 기업의 주요 경쟁력 중 하나가 될 것으로 전망된다.

둘째, 일부 인사부서의 실무자들을 중심으로 재택근무를 하면 업무의 생산성이 떨어진다는 인식이 있다. 그러나 가트너가 조사한 결과, 오히려 재택근무를 활용하는 기업이 대체로 생산성이 높은 것으로 나타났다. 또한 근로자에게 유연하게 근무 방식 선택의 기회를 주는 것이 가장 중요한 요소인 것으로 나타났다.

그리고 일부 기업들의 인사담당자들은 재택근무로 직원들 간의 소통이 줄고, 서로 얼굴을 마주하지 못하니 유대감이 저하된다고 우려를 표하기도 했다. 조직 문화적인 측면에서 일부 부정적인 영향이 나타나고 있다는 것이다.

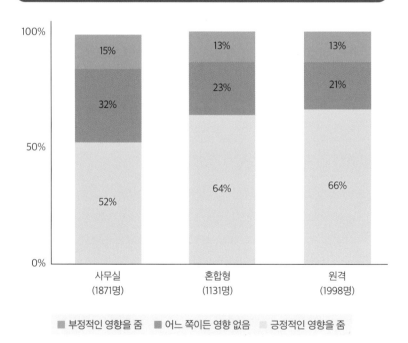

· 출처: 2020 Gartner Improving Employee Engagement Survey(Setember 2020)
· 참고: 반올림으로 인해 백분율의 합이 100%가 되지 않을 수 있다.

이렇듯 앞으로 얼마나 더 오래갈지 모를 코로나 팬데믹 속에 최근 업무공간을 가상공간으로 만들어 활용하는 방식이 진화하고 있다. 가상 업무 공간은 현실세계 재택근무로 인한 다양한 우려를 해소할 수 있을까?

뉴욕 직원과 서울 직원이 1초 만에 만나는 법

마이크로소프트와 엔비디아는 가상공간에서 팀 협업 및 B2B 커뮤니케이션이 이뤄질 수 있도록 다양한 기능을 개발하고 있다. 마이크로소프트는 2021년 11월에 자사의 가상현실 플랫폼인 '메시Mesh'와 화상회의 앱인 '팀즈Teams'를 통합한 '메시 포 팀즈Mesh for Teams'를 2022년 상반기에 출시할 예정이라고 밝혔다. 이 서비스를 통해 기존의 팀즈 사용자들은 화상 미팅 대신 디지털 아타바로 가상 미팅에 참여하고 대화할 수 있다.

메시 포 팀즈는 참여자들이 항상 카메라 앞에 있지 않아도 표정, 몸짓 등과 같은 비언어적 의사소통 신호를 공유하는 기능을 제공한다. 그리고 회의 참여자가 같은 공간에 있는 것처럼 느끼도록 설계된 여러 기능이 제공된다. 예를 들어, 참여자들은 화이트보드 기능을 활용해 마치 회의실에 정말 모여 있는 것처럼 함께 메모하면서 회의를 진행할 수 있다. 메시 포 팀즈에 접속하기만 하면 뉴욕 지사의 직원과 서울 본사의 직원이 회의실에서 만나 악수를 하고, 화이트보드에서 브레인스토밍을 하며 회의를 할 수 있는 것이다.

코로나 팬데믹 이후 재택근무 또는 원격근무를 하던 이들이 사무실로 많이 복귀한다 해도, 메시 포 팀즈가 제공하는 여러 가지 기능을 활용한다면 혼합형 업무 방식을 지속할 수 있을 것이다.

• 메시 포 팀즈를 통해 나를 대신한 아바타가 회의에 참가할 수 있다. 마이크로소프트는 물리적인 한계를 뛰어넘어 직원들이 자연스럽게 '연결'되고 '현장감'을 느낄 수 있는 업무 환경을 구축할 예정이다. [이미지: 마이크로소프트]

엔비디아의 옴니버스 플랫폼

엔비디아는 엔지니어링, 그래픽 생성 및 협업을 위해 설계된 고도로 그래픽적인 3D 환경을 제공하는 것이 그들의 주요 목표이다. 엔비디아는 이를 옴니버스Omniverse 플랫폼이라 부른다.

옴니버스는 실제 장치 또는 그래픽을 통해 사실적인 시뮬레이션 환경을 제공한다. 예를 들어, 자동차 회사가 자동차를 설계하고자 할 때, 엔지니어가 옴니버스로 구현된 가상공간에 들어가, 자동차를 설계하고, 이를 가상공간에서 시뮬레이션할 수 있다. BMW그룹도 옴니버스를 적극 활용하고 있다. 신규 공장을 건설하거나 새로운 모델

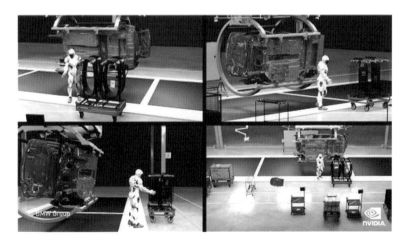

• 옴니버스를 활용해 만든 BMW그룹의 가상 공장 [이미지: 메타콘 2021]

을 생산할 때 가상으로 만든 공장에서 먼저 생산 공정을 점검하면서 현실에서 발생할 수 있는 오류를 바로잡아 비용을 절감한다.

밀라노 네델코비치 BMW그룹 생산담당 임원은 "옴니버스를 통해 생산 인력과 로봇, 조립 부품을 포함한 전체 공장의 모든 요소를 시뮬레이션해 계획 시간을 단축하고 유연성과 정밀도를 개선해 최종적으로 효율성을 30% 개선할 수 있다"며 "옴니버스는 협업 플랫폼의 표준을 정립하는 게임체인저"라고 말했다.

옴니버스는 완성도를 높이기 위해 외부 기업과도 적극적으로 협업하고 있다. 어도비Adobe, 오토데스크Autodesk 등 글로벌 선도 오피스 소프트웨어 회사와 협업하면서 옴니버스를 확장 가능한 플랫폼으로 키워 나가고 있다.

메타 vs. 마이크로소프트 vs. 엔비디아

메타는 영화 〈레디 플레이어 원Ready Player One〉에 나오는 오아시스 OASIS처럼 현실세계의 모든 것이 가능한 메타버스 공간을 지향한다. 그러한 반면에 마이크로소프트와 엔비디아는 특정 비즈니스 환경과 경험을 가상공간으로 이동하고 현실과 연결시키는 데 초점을 맞추고 있다.

마이크로소프트의 '메시 포 팀즈'는 이론적으로 대부분의 비즈니스 회의 유형에서 작동하게 되어 있다. 다만, 메타의 경우와 마찬가지로 전용 AR·VR 헤드셋을 착용해야 한다는 점이 향후 확장력을 저해하는 요인으로 지적받는다. 그리고 엔비디아의 제품은 엔지니어, 디자이너 및 3D 모델 및 가상세계 구축과 관련된 크리에이티브 전문가를 위해 설계되었기 때문에 더욱 전문화되어 있다.

이러한 점에서 마이크로소프트와 엔비디아는 메타에 비해 더 실용적이다. 이 세상을 메타버스화하는 것보다 특정 영역에서 전문적인 가상공간을 제공하는 것이 시장에 훨씬 잘 먹힐 수 있다.

• 영화 〈레디 플레이어 원〉 속 오아시스는 암울한 현실과 달리 누구든 원하는 캐릭터로 어디든지 갈 수 있고, 뭐든지 할 수 있고 상상하는 모든 게 가능한 가상현실이다. [이미지: 레디 플레이어 원]

메타버스, 새로운 우주의 지배자는?

메타, 엔비디아, 마이크로소프트 세 기업의 미래 지향적인 야망 뒤에는 몇 가지 공통된 전제가 있다.

첫째, 모바일 인터넷 시대가 종말을 고할 것이란 점이다. 이는 모바일 인터넷 시대를 주름잡았던 글로벌 테크기업의 창업 세대가 경영 일선에서 물러나는 것과도 흐름을 같이한다. 구글과 애플, 마이크로소프트는 이미 창업자가 대표 자리를 떠났고, 최근 트위터까지 창업자가 대표직을 내려놨다. 미국 빅테크 중에서 메타 창업자인 마크 저커버그만이 유일하게 CEO를 맡고 있다. 또한, 모바일, 플랫폼 대표 기업들에 대한 국가 차원의 규제도 영향을 끼치고 있다.

미국과 유럽의 정치인들은 메타와 구글의 독점 및 개인 정보 침해에 엄격한 잣대를 적용하기 시작했다. 중국에선 IT업계 규제가 강화되자, 젊은 창업가들이 줄줄이 회사를 떠나고 있다. 틱톡을 서비스하는 바이트댄스ByteDance의 장이밍 창업자는 38세에 불과한 젊은 기업인이지만 지난 2021년 12월, CEO에서 내려왔다. 중국의 온라인 플랫폼 징둥닷컴의 류창둥 회장과 핀둬둬 창업자인 황정도 물러났다. 황정은 41세의 젊은 기업인이다. 이들의 퇴진에는 중국 정부의 규제 강화가 결정적인 영향을 미쳤다는 분석이다. 앞서 알리바바의 마윈 회장은 당국을 공개 비판하는 등 갈등을 빚다가 2019년에 회장직에서 물러나기도 했다. 이제는 시장에도 설득력 있는 새로운 이야기가 필요하다는 뜻이다.

다음으로, 그들은 모두 새로운 주도권이 필요하다. 앞서 언급했지만 애플은 지난 십여 년간 운영체제인 ios, 앱 거래 시장인 앱스토어를 독점 운영하면서 막대한 부를 창출할 수 있었다. 메타버스 대표 게임 중 하나인 로블록스Roblox를 보유하고 있는 에픽Epic은 앱 스토어가 게임 개발자에게 부과하는 수수료를 둘러싸고 애플과 반독점 전쟁을 벌이고 있다. 지금까지는 시장 전체가 애플에 우호적이지만, 메타버스 도입을 새롭게 준비하는 많은 기업이 이를 불공정하게 여기고 있다. 새로운 판을 열어 새로운 주도권을 확보하기 위한 전쟁을 펼치는 이유도 바로 이 때문이다. 그들 역시 미래의 운영 체제, 미래의 플랫폼을 설계하길 원한다.

많은 기업이 메타버스라는 새로운 우주를 지배하기 위한 전쟁을 시작했다. 메타, 마이크로소프트, 엔비디아 등 변화를 주도하는 기업들은 오늘날 존재하는 모바일보다 더 개방적이고 몰입도가 높으며 매력적인 메타버스를 꿈꾸고 있다. 누가 가장 먼저 '그럴듯한 우주'에 도달할 수 있을까?

PART 4

암호화폐,
환상일까 기회일까?

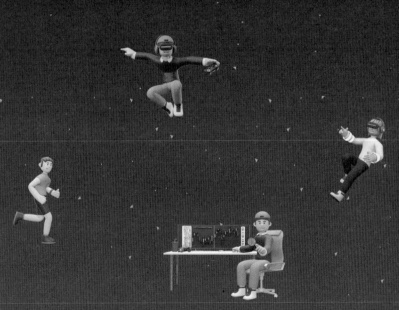

암호화폐 투자를 대하는
세 가지 자세

29세 동갑내기 친구 셋은 암호화폐 투자로 30억 원 이상씩을 벌어 각자 다니던 대형 금융사를 퇴사했다. 3년 전에 입사할 때만 해도 이들은 학자금 대출조차 다 갚지 못한 평범한 사회 초년생이었다고 한다. 하지만 입사 이후 각 1억 원씩 대출받아 암호화폐에 투자했고 대박이 났다. 퇴사 이후 이들은 스타트업을 선별해 투자하는 벤처 투자사 '알파큐브파트너스'와 대학생, 취업준비생 등을 지원하는 '청년컨설팅협회YCA'를 설립했다. 이들의 꿈은 투자, 교육, 기부 등을 통해 '청년들이 함께 성장하는 생태계'를 만드는 것이다.

그들의 부모와 회사 선배들은 "서울 강남에 집부터 사라", "회사는 계속 다니는 게 어떠냐"는 기성 세대가 부자가 되는 방식을 권유했지만, 그들은 과감하게 '메타 리치의 방식'을 택했다. 시대 변화의 흐름에 맞게 투자하고, 새로운 일에 과감히 도전하여 세상을 주도하기로 한 것이다.

그들은 부를 지키는 것이 아닌 부를 새롭게 굴리기로 했고, 여전히 가상자산 투자를 이어가고 있다. 동아일보의 언론 인터뷰[*]에 따르면, 창업 자금을 제외한 나머지 자산의 대부분을 비트코인과 알트코인[**]에 투자하고 있으며, 최근에는 NFT와 해외 주식 투자도 시작했다고 한다. 그들은 이렇게 말한다.

> "암호화폐 투자로 '언젠가 하자'고 말만 했던 세 사람의 목표를 더 빨리 이룰 수 있게 됐다. 퇴사 이후 인생의 속도가 빨라졌다."
>
> - 암호화폐 투자로 30억 이상을 벌어들인 29세 청년들

---

[*] 「29세 세친구 "1억 빚투로 코인대박… 청년 창업 지원 나설 것」 김자현 기자, 동아일보, 2021년 12월 1일

[**] 비트코인을 제외한 모든 가상화폐를 일컫는 용어

메타 리치 공격형(Attacker)

메타 리치를 꿈꾸는 사람들은 현재 진행되는 메타 트랜스포메이션에 관심을 두고 다양한 지식을 습득하고자 노력한다. 그러나 막상 직접 자산을 투자하는 것에는 주저할 수밖에 없다. 인류의 투자 역사상 학습이 부족한 영역에 투자하는 것이기 때문이다. 그런데도 연일 언론에서는 "비트코인이 급등했다", "한 투자자가 코인으로 큰 수익을 얻어 직장을 퇴사하는 파이어fire 족*이 됐다"는 등 자극적인 뉴스가 등장하니, "나는 왜 일찍 투자하지 않았나?" 하는 상실감을 느낀다.

지금까지 여러 자료를 토대로, 현재 암호화폐, NFT 등 가상자산에 직접 투자하고 있는 이들은 일반인의 약 10~20% 정도**로 추측된다. 이들은 '메타 리치 공격형Attacker'이다. 메타 리치가 되는 것을 목표로 위험을 감수하면서 선도적으로 투자하고 있는 부류이다.

최근 국내 암호화폐 일일 거래규모가 코스닥 주식시장 일일 거

---

* 파이어족은 '경제적 자립(Financial Independence)'을 토대로 자발적 '조기 은퇴(Retire Early)'를 추진하는 사람들을 일컫는 용어다. 이들은 30대 말이나 늦어도 40대 초반까지는 조기 은퇴하겠다는 목표로, 회사 생활을 하는 20대부터 소비를 극단적으로 줄이며 은퇴 자금을 마련한다. [출처: 시사상식사전]
** '21년 5월 금융위원회 자료에는 국내 암호화폐 투자자가 587만 명, 투자 규모는 전체 22조 원 규모로 파악된다.

래규모를 넘어선 적이 있을 정도로 메타 리치 공격형 투자자가 증가하고 있다. 대부분 트렌드에 밝고 새로운 변화에 적응이 빠른 MZ세대들이다. 이들 중 다수는 현재의 금융 시스템과 우리 사회의 부 창출 매커니즘에 한계를 느끼고 있는 부류가 많다. 우리 사회가 저성장, 저금리 시대로 접어들면서 현재의 제도권 금융 투자로는 고수익을 기대할 수 없고, 소규모 자산으로는 진입조차 하기 어려운 부동산 시장 등 기성 투자 대상에 흥미를 느끼지 못하는 부류가 대부분이다. 이들은 좀더 적극적으로 가상자산에 투자한다.

몇몇 투자자는 감당할 수 있는 수준을 넘어선 과도한 투자로 인해 큰 손실을 보기도 한다. 최근 다수 언론에서 '영끌(영혼을 끌어모아 투자)'이라는 단어가 부정적으로 표현되고 있는 이유도 '영끌' 끝에 손실을 본 투자자가 주변에 흔해졌기 때문이다.

얼마 전 뉴스에는 가족 명의로 27억 원을 대출하여 암호화폐로 탕진한 은행원이 실형을 선고받았다는 소식이 있었다. 그는 주식 투자 손실을 메우려고 가족 명의를 도용해 대출 후 암호화폐 투자를 시작했으나 결국 과도한 욕심이 화를 부르게 되었다.

가상자산 투자는 아직 성장 초기 단계로 변동성을 비롯한 리스크가 상당한 고 위험, 고 수익 투자 시장이다. 최소한 현재는 그렇다. 그러므로 투자 규모를 적절히 조절하고 리스크 관리를 하지 않으면 쉽게 모든 것을 잃을 수 있다.

메타 리치 몽상형(Dreamer)

메타 리치 공격형을 제외한 나머지 80%는 두 부류로 나뉜다. 첫 번째는 그중 절반에 해당하는 전체의 40~50% 대중들에 대한 얘기다. "언젠가는 가상자산에 투자해야 하지 않을까?" 하고 생각하면서도, 어떻게 시작해야 하는지, 리스크는 무엇인지, 정말 맞는 방향인지, 구체적으로 어디에 투자해야 하는지 아직 판단을 내리지 못한 부류이다. 이들이 '메타 리치 몽상형Dreamer'이다.

메타 리치 몽상형은 메타버스, NFT, 블록체인 등 관련 기술들을 어렵게 생각해 진입 자체를 주저한다. 그러나 시간이 흘러갈수록 지식을 쌓아가며 하나둘 메타 리치 공격형으로 전환하는 부류들이 늘어나고 있다. 그들은 아직 투자 여부를 결정하지 못한 채 주저하고 있지만, 관련 정보를 수집하고 세상의 변화에 귀를 기울이면서 현재의 변화가 과연 대세적인 변화인지, 아니면 소멸될 신기루인지 판단하고자 한다. 사실 이 책을 보고 계신 여러분들도 대부분 메타 리치 몽상형일 것이다.

만약 고민 끝에 가상자산에 투자하지 않기로 결정했더라도, 시대가 어떻게 변하고 있는지 그 흐름을 적극적으로 파악하고, 내 자산의 변화 가능성을 예측하기를 권한다. 예를 들어, 현재 안전 자산으로 분류되는 대표적인 자산 유형인 금, 달러화, 국채 등이 10년 후에는 더 이상 안전 자산이 아닐 수 있다. 극단적 코인 추종자들의 커뮤니티에서는 비트코인이 향후 달러화를 대체하는 안전 자산으로 자리매김할 것이라는 예측도 있다. 물론, 현재 시점에서 100% 동의하진 않는다. 중요한 것은 현재 시점에서 미래를 정확히 예측하기보다는, 변화를 이해하고, 물 흐르듯 제대로 대응하는 것이다.

지금 이 글을 읽는 여러분들도 '메타-'의 시대, '웹 3.0'의 시대, '디지털 대전환'의 시대라고 하는 디지털 기반 사회 변화의 흐름을 주시하고 있어야 한다. 현재 내 자산을 투자했는지, 안 했는지가 중요한 게 아니라, 현재 일어나고 있는 변화에서 스스로 멀어지지만 않는다면 언제든 기회는 생기기 마련이다. 자신의 결정에 설득될 만큼 관련 지식을 습득하고 변화에 대한 큰 그림을 그리길 권한다.

메타 리치 방어형(Defender)

마지막 40%에 속한 부류는 몇 년이 지나도 결코 가상자산에 투자하지 않을, 매우 보수적인 투자 성향을 가진 사람이다. 이들은 '메타 리치 방어형Defender'이다. 주로 60대 이상의 시니어들이 다수 해당되겠지만, 최근에는 세상의 변화에 기민하게 대처하고 적극적으로 과감하게 투자하는 시니어도 많으므로 연령대로 구분하기보다는 투자 성향을 기준으로 구분하는 것이 적절하다.

이들은 낯설고 변동성이 심한 영역에 투자하기보다 부동산, 적금, 채권과 같은 전통적이고 안정적인(본인들이 안정적이라 생각하는) 영역에 투자하는 것을 선호한다. 아마 10년, 20년 후에도 이들은 가상자산 투자에 나서지 않을 것이다.

투자 성향은 개인의 기호이지만, 메타 트랜스포메이션의 시대 변화 속에서 부를 창출할 기회는 그 변화에 뛰어든 자에게만 찾아온다. 만약 가상자산에 투자하지 않더라도 시대 변화를 주도하는 기술을 보유한 기업 또는 관련 섹터에 투자하는 펀드 상품 정도에는 관심을 둘 것을 권한다.

나이지리아에서
암호화폐가 인기인 이유

최근 미국의 한 설문조사에 따르면 현재 미국인의 5%가 암호화폐를 보유하고 있다고 한다. 그중 비트코인을 가장 많이 보유하고 있으며, 비트코인은 2019년 1월 약 1bit당 420만 원 수준에서 2022년 2월 기준 4500만 원으로 약 1000% 성장했다.

암호화폐의 역사는 2008년 10월 비트코인 개발자 사토시 나카모토가 「비트코인: P2P 전자화폐 시스템Bitcoin: A Peer-to-Peer Electronic Cash System」이라는 논문을 발표하면서 시작되었다. 그는 기존의 금융 시스템이 불만스러웠고, 정부나 국영 은행과 같은 중앙의 통제를 벗어난 자유로운 디지털 화폐를 만들고 싶었다. 그리하여 만들어낸 것이 비트코인, 암호화폐 기술이다. 그가 누구인지는 아직 밝혀지지 않았지만 그가 메타 리치 1세대임은 분명하다. 기존의 제도와 시스템, 부를 창출하는 매커니즘에 대한 한계를 디지털 기술로 해결하고자 했으며, 결과적으로 상상할 수 없을 만큼의 큰 부를 창출했을 것으로 추측한다.

2014년 뉴스위크에서는 미국 엔지니어인 도리안 프렌티스 사토시 나카모토Dorian Prentice Satoshi Nakamoto가 그 주인공이라고 지목하기도 했고, 2016년 호주의 컴퓨터 과학자인 크레이그 라이트는 자신이 사토시라고 주장하기도 했다. 여전히 그의 정체는 밝혀지지 않았지만 그가 남긴 논문 한 편은 지금도 세상을 바꾸는 중이다.

암호화폐가 개발도상국에서 인기 있는 이유

비트코인이 개발된 지 14년이 지난 지금, 세계적으로 암호화폐의 사용은 급격히 증가했다. 특히, 개발도상국에서 사용 빈도가 높은데 그중에서도 나이지리아인의 약 3분의 1이 현재 암호화폐를 소유하고 있다. 나이지리아인들은 상품과 서비스를 구매하거나 판매하고 국경을 넘어 가족과 친구에게 송금하는 데 암호화폐를 적극적으로 사용한다. 베트남, 터키, 남아프리카 국가들과 같은 개발도상국에서도 높은 빈도로 암호화폐가 사용되고 있다.

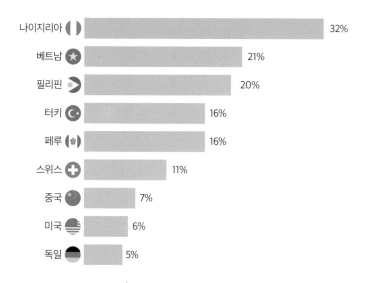

국가별 암호화폐를 사용하거나 소유하고 있다고 응답한 비율(2020)

- 나이지리아 ── 32%
- 베트남 ── 21%
- 필리핀 ── 20%
- 터키 ── 16%
- 페루 ── 16%
- 스위스 ── 11%
- 중국 ── 7%
- 미국 ── 6%
- 독일 ── 5%

· 참고: 국가별 응답자 1000~4000명
· 출처: Statista Global Consumer Survey

일부 개발도상국에서는 국가 차원에서 암호화폐를 공식적으로 허용하고 있기도 한데, 이는 급격한 환율 변동으로부터 국가의 부를 보호하기 위해서다. 나이지리아 화폐인 나이라의 가치가 2016년부터 약 5년 동안 미국 1달러당 약 200나이라에서 약 400나이라로 하락했다. 이에 따라 2016년 이후 나이지리아의 순자산이 거의 50% 감소했다. 그러나 이 자산이 미국 달러에 고정된 스테이블 코인인 테더

$_{USDT}^{*}$와 같은 암호화폐로 보관되어 있었다면 급격한 평가절하로부터 보호받았을 것이다.

물론, 비트코인의 급격한 변동성으로 큰 손해를 입는 국가들도 생겨나고 있다. 비트코인을 국가 화폐로 선언하고 세금으로 비트코인을 매입하기도 한 엘살바도르는 최근 1월과 2월 비트코인이 급락하는 과정에서 약 20%의 국가 부의 손실을 입기도 했다.

암호화폐는 개인의 투자 기회를 확대하고, 투자의 문턱을 낮추는 효과도 있다. 지금껏 부를 축적하기 위한 대부분의 투자 상품과 서비스는 투자 가능 자산이 많은, 즉, 고액 자산가들을 대상으로 설계되고, 제공되었다. 그러나 주식을 토큰화**시켜 거래를 가능하게 한다면, 자산이 많든 적든 전 세계 모든 사람들이 애플이나 아마존, 테슬라와 같은 주식을 쉽게 거래할 수 있다.

주식의 일부 지분을 토큰 형식으로 구입할 수 있기 때문에 1달러만 투자할 수도 있다. 즉, 소액 자산가, 혹은 금융 투자에 관심이 없던 서민 계층과 금융 소외 계층에게도 문호를 열어줄 수 있고, 문턱을 낮

---

* 기존 금융, 화폐 시스템과 암호화폐의 접점으로 활용되고 있는 코인으로, 가격 변동성을 최소화해 미국 달러나 원화와 같은 법정화폐와 1:1로 가치가 고정된 민간 기업이 발행하는 블록체인 기반 디지털 자산
** 모바일, 온라인 상거래에서 기존의 금융 거래 정보를 디지털 토큰으로 전환하는 것

추는 효과가 있을 것으로 기대된다. 이를 금융 민주화라고 표현하기도 한다.

이처럼, 긍정적, 부정적 측면이 상존하는 상황에서 향후 암호화폐를 중심으로 한 가상자산 시장의 활성화와 더불어 여러 보호 장치가 얼마나 빠르게, 잘 갖춰질 수 있을지 지켜봐야 할 것이다.

중국과 미국 정부의
암호화폐 규제

　지금 당장 암호화폐에 입문하려는 사람은 흔히 알려진 비트코인 외에도 이더리움, 모네로, 대시, 라이트코인 및 기타 수천 가지의 암호화폐를 접하게 될 것이다. 또한, 매년 수백, 수천 개의 알트코인이 추가로 생겨난다.

　세계경제포럼이 발간한 보고서 「2030년 글로벌 금융 및 통화 시스템」는 암호화폐가 전 세계 금융 시스템 및 인프라를 하나로 만드는 데 이바지할 것이라 주장하기도 했다. 최근 주식시장의 애널리스트 보고서나 금융기관의 전망 보고서에는 암호화폐에 대한 낙관적 전망이 비관적 전망보다 우세하다. 물론 현재 암호화폐를 비롯한 가상자산 투자를 전 세계 규제 기관, 금융 당국이 전면적으로 허용한 상황은 아니다. 이 새로운 자산을 어떻게 받아들여야 할지 여전히 논쟁 중이다.

중국과 인도: 규제로 중앙의 집권력 유지

중국은 지난 2021년 9월 중국 내 암호화폐 관련 모든 거래와 사업을 전면 금지했다. 암호화폐와 법정화폐 간 거래는 물론 암호화폐끼리의 교환 행위도 형사 처벌 대상이다. 또한, 암호화폐 거래를 중개하거나 관련 정보를 중개하는 사업과 암호화폐 파생상품 거래 등도 불법으로 간주한다. 뒤이어 2021년 11월 인도도 암호화폐 거래를 전면 금지했다.

주요국의 관련 정책이 발표될 때마다, 그 입장에 따라 암호화폐 시장은 출렁이고 있다. 중국에서 2017년 비트코인 발행을 통한 자금 모집의 일환인 ICO_{Initial Coin Offering}를 금지하는 법안이 통과되자 비트코인의 첫 번째 웨이브가 꺾였다. 2019년과 2021년에도 비슷한 상황이 반복됐다.

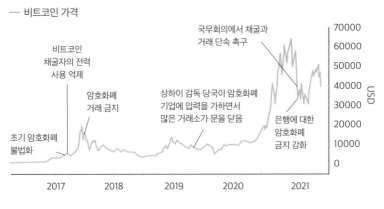

중국 암호화폐 규제와 비트코인 시세 변화

— 비트코인 가격

초기 암호화폐 불법화

암호화폐 거래 금지

비트코인 채굴자의 전력 사용 억제

상하이 감독 당국이 암호화폐 기업에 압력을 가하면서 많은 거래소가 문을 닫음

국무회의에서 채굴과 거래 단속 촉구

은행에 대한 암호화폐 금지 강화

70000
60000
50000
40000
30000
20000
10000
0

USD

2017   2018   2019   2020   2021

· 출처: 블룸버그

　　중국이 장기적으로 암호화폐 시장을 완전히 파괴할 것이라는 주장에는 동의하지 않는다. 실제 시장의 움직임도 그렇게 반응했다. 2021년 10월 중국의 규제 발표 이후에 불과 몇 시간 만에 비트코인은 약 10% 가까이 폭락했지만, 며칠 사이 가격을 회복했다.

　　중국의 현 암호화폐 규제 강화는 중국 금융산업 전반에 대한 통제 강화 차원으로 해석할 수 있다. 현재 중국은 암호화폐뿐만 아니라 핀테크, 기존 금융권, 최근 급증한 투자회사들에 대한 규제 강화와 함께 단행되었다. 즉, 중국 정부의 강력한 규제 움직임은 금융 시스템 전반의 레버리지 리스크를 축소하고, 중앙 통제의 영향력을 다시 한번 점검하려는 시도이며 암호화폐는 그중 일부분에 불과하다. 또한, 비공식 집계이지만, 지금껏 전 세계 비트코인 채굴의 60% 이상이 중국에서 이뤄졌다는 사실만 보더라도, 중국이 암호화폐 시장을 파괴하는 것은 자국민들의 자산을 파괴하는 일이기도 할 것이다.

현재 중국의 암호화폐 규제는 암호화폐를 금지하기보다 변화의 속도를 조절하고자 하는 것이라는 해석이 타당하다. '웹 3.0', '탈중앙화', '분권형', '금융시스템 패러다임 전환', '부 창출 매커니즘 변화' 등 기존 질서를 깨며 자유를 추구하려는 시대 변화, '메타 트랜스포메이션'의 속도를 조절하려는 것이다.

미국: 암호화폐, 금지할 생각 없다

미국과 영국의 경우 대체로 암호화폐 시장을 받아들이는 움직임이 보인다. 미국은 2021년 5월 재무부, 연방준비제도, 증권거래위원회SEC, 상품선물거래위원회CFTC 등이 암호화폐 규제를 위한 협의체를 구성했다. 다만, 시장을 마구잡이로 통제하려 들진 않는다.

미국의 속내는 자신들이 가지고 있는 규제의 틀 안으로 민간 암호화폐를 끌어들임으로써 기존 금융 시스템의 헤게모니도 유지하고 돈이 되는 신사업도 놓치고 싶지 않다는 것이다. 중국과 비슷한 의도이지만, 정치 체제상 절차와 체계를 가지고 접근하고 있다.

금융 당국자의 생각은 어떨까? 미국 금융의 수장이라 할 수 있는 제롬 파월 연준 의장은 2021년 10월 의회 청문회에서 "암호화폐를 금지할 생각이 없으며, 스테이블 코인은 일부 적절한 규제를 통해 확대될 수 있다" 정도로 언급했다. 시장의 성장을 방해하지는 않겠다는 심산이다.

'코인 부자'로 불리며, 전 세계 20대 메타 리치의 대표주자로 꼽히는 사람이 있다. 바로 샘 뱅크먼 프라이드Sam Bankman-Fried다. 그는 세

• 29세에 세계 400대 부자에 오른 메타 리치, '샘 뱅크먼 프라이드' [이미지: 코인데스크US]

계적인 암호화폐 거래소 중 하나인 FTX의 공동 설립자이기도 하다. 그는 MIT를 졸업한 이후 FTX를 설립했는데, FTX는 현재 전 세계 암호화폐 거래소 중 여섯 번째로 규모가 크다. 그는 약 30조 원의 순자산을 벌어들인 것으로 알려져 있다. 2021년 한 암호화폐 포럼에서 그는 "현재 암호화폐 시장의 가장 큰 잠재적 위협은 미국 정부의 규제 환경과 입법자들"이라고 말하기도 했다.

영국: 암호화폐, 쉽게 허용하긴 힘들어

영국의 경우에는 2021년 6월 세계 최대 암호화폐 거래소를 운영하는 바이낸스에 허가를 받지 않은 업무를 한다는 이유로 거래소 운영 중단을 명령하기도 했다. 그와 비슷한 시기에 영국 중앙은행인 영란은행Bank of England이 암호 화폐의 대항마로 디지털 화폐인 CBDCCentral Bank Digital Currency를 검토하고 있다는 얘기도 흘러나왔다. 즉, 전통적 금융 강국인 영국이 민간을 중심으로 현 금융 구조를 무너뜨릴 수 있는 암호화폐 시장을 쉽게 허용할 리 없으며, 국가 중심 디지털 화폐라고 할 수 있는 CBDC의 개발과 활용이 확대될 시간을 버는 것이라 해석할 수 있다.

CBDC 도입에 가장 앞서 있는 국가는 중국이며, 현재 중국은 디지털 위안화 도입을 앞두고 베이징, 상하이 등 주요 도시를 중심으로 시범 운영에 들어갔다. 지난 수백 년간 지속된 중앙 권력 중심의 금융 시스템이 블록체인 탈중앙화 기반의 디파이$_{De-Fi}$*로 흘러갈 수 있는 상황에서 주요국들은 경계를 강화하고 있다.

한국: 수용하지만 아직은 시작 단계

우리나라도 최근 몇 년간 암호화폐로 인해 큰 진통을 겪었다. 2017년 이후 주로 암호화폐를 통제하기 위한 수단이 강화되었는데, 최근 들어 시장을 인정하는 쪽으로 분위기가 많이 바뀌고 있다. 국내 법체계상 암호화폐의 실체는 딱 두 군데에서만 인정된다. 거래소에 자금 세탁 방지 의무를 부가한 '특정금융정보법'과 암호화폐 수익에 22%를 과세하는 '소득세법'이다.

특정금융정보법의 경우 2021년 9월 개정안이 발표되면서, 암호화폐가 제도권 안으로 들어왔다는 해석이 나오고 있다. 법적으로 '가상자산업'을 정의함으로써, 법적 명칭이 생겼다는 점, 소규모의 부실

---

* 탈중앙화 금융(Decentralized Finance)의 약자로서, 탈중앙화된 분산금융 또는 분산재정을 의미한다.

한 코인 거래소의 경우 시장에 발을 들여놓을 수 없게 되었다는 점이 긍정적이다. 물론 시작 단계일 뿐이다. 특금법만 보더라도 암호화폐 거래소의 사업자 신고 요건에만 초점이 맞춰져 디파이, NFT 등 다양한 종류의 가상자산을 아우르지 못하는 측면이 있다. 이제 막 초기 시장인 암호화폐의 부정적인 측면을 해소하고, 어떻게 긍정적인 시장 형성을 만들어내느냐는 앞으로 몇 년에 달려 있다.

암호화폐의 가치는
앞으로 상승할까?

　근본적인 질문으로 돌아와서, 과연 암호화폐의 가치는 계속 상승할까? 기존 화폐를 대체할 정도로 활용도가 커질까? 결론부터 얘기하자면, 앞서 설명했던 웹 3.0, 메타 트랜스포메이션이라는 디지털 기반의 패러다임 변화는 대세적으로 거스를 수 없는 흐름에 와 있다. 그리고 이 과정에서 가상자산의 사용 확대는 필수불가결한 요소이다. 즉, 메타 트랜스포메이션이라는 패러다임 변화를 공감하고 지지한다면, 가상자산 시장의 성장을 충분히 긍정적으로 바라봐도 좋다. 특히, 암호화폐는 가상자산의 영역 중에 가장 빠르게 활성화되고 있는 영역이며, 주요 국가들도 그 존재 가치를 인정하거나, 공존을 모색하고 있기 때문이다.

암호화폐는 앞으로도 성장할 전망

　IMF와 세계은행은 최근 발표한 '발리 핀테크 의제Bali Fintech Agenda'에서 금융 기술의 급속한 발전으로 혜택과 기회를 활용하는 동시에 고유한 위험을 관리하는 12가지 의제를 발표했다. 가장 먼저 암호화폐의 확산이 금융의 국경을 허물어 복잡성을 증가시킬 수 있다고 경고했다. 현재 암호화폐의 확산 속도에 비해서 대비가 부족하다는 주장이다. 실제로 기존의 금융, 화폐 시스템이라는 중앙집권적 관점과 조직, 구성 체계로 봤을 때는 변화에 대한 준비가 갖춰지지 않은 측면이 있다.

　그러나 암호화폐 시장은 중장기적으로 계속 성장할 것이라고 본다. 미국 금융안정위원회FSB는 최근 보고서에서 가상자산의 급부상이 현재의 금융 시스템과 그 안정성에 중장기적으로 영향을 끼칠 수 있으므로 주시해야 하지만, 향후 활용도가 증대될 것이라는 점은 분명한 사실이라고 언급했다.

기술적 한계는 극복 가능한 이슈

　현재 시점에서는 암호화폐가 기존 화폐를 대체하는 주류 화폐로 위상이 올라갈 것이라 장담하기 어렵다. 기존의 금융 및 화폐 시스템과의 충돌 외에도 암호화폐가 주류 화폐로 나아가는 데 가장 크게 지적받는 부분은 비탄력적 공급이다. 예를 들어, 2009년 만들어진 비트코인의 총발행

량은 2100만 코인이 한계다. 그 이상은 발행될 수 없다. 2022년 1월 기준 약 1900만 코인이 이미 발행되어, 앞으로 200만 코인만 더 발행되면 더 이상의 신규 발행은 없다. 즉, 큰손들의 움직임에 따라 시장에 유통되는 코인의 규모가 제한적일 수 있다.

　암호화폐 지지자들이 가장 큰 장점으로 생각하는 '제한된 공급'이라는 특징이 전체 시장 측면에서는 사실 가장 치명적인 단점이다. 비탄력적 공급으로 인한 급격한 수급 변동은 항상 급격한 가치 변동을 초래한다. 암호화폐가 화폐 역할을 하기에 부적합하다는 주장이 전문가들 사이에서 지속적으로 나오고 있는 이유다. 또한, 암호화폐 활용이 확대되면 함께 급증할 수밖에 없는 컴퓨팅 파워[*] 문제, 채굴을 위한 막대한 에너지 소비 문제도 두드러질 수 있다. 그러나 암호화폐의 비탄력성과 기술적 한계는 오랜 시간에 걸쳐 극복 가능한 이슈라고 생각한다.

　최근 블록체인, 이더리움의 약점과 한계를 극복한 2세대, 3세대 암호화폐가 등장하고 있다. 신규 암호화폐들은 암호화폐 수량에 따라 이익을 제공하는 지분증명PoS 방식을 채택해 일부에 힘이 집중되지 않고, 에너지 소모도 덜한 장점이 있다. 물론, 기술적 완성도와 더불어 시장 수용을 위한 시간이 필요할 것으로 보인다.

---

[*] 　블록체인 기반의 암호화폐는 채굴 과정에서 복잡한 수학적 검증 과정이 필요하여, 강력한 컴퓨팅 능력을 사용하여 자원 낭비가 크고, 여기에 막대한 에너지가 필요하다.

블록체인 기술이 가져올 긍정적인 효과

암호화폐의 근간에 있는 블록체인이라는 기술이 전 세계 금융의 역사에서 반복적으로 발생한 부정과 허위를 해결해줄 것으로 기대된다. 대표적인 예로 자금 세탁을 방지할 수 있으며, 기축 통화 중심의 권력 남용과 환율 조작 역시 막을 수 있다. 기존 금융 시스템과 경제 환경에서 반복적으로 발생하는 사건들을 사전에 방지하는 것이다.

지난 백여 년간 기축 통화* 지위를 누려왔던 미국 달러화나, 여기에 편승한 소수 금융 주도 세력들의 권한 남용으로 우리는 몇 차례 금융위기를 맞았고, 그 과정에서 개인과 소액 자산가들의 피해가 오히려 클 수 있음을 경험했다. 암호화폐가 일부 기술적 보완과 제도적 뒷받침을 통해 중장기적으로 다양한 부정과 권력 남용을 막을 수 있다면, 전 인류가 기대하는 탈 중앙화된 공정 금융 시스템을 기대해볼 수 있을 것이다.

투기에 빠지지 않기 위한 공부가 필요

다만, 주의해야 할 부분은 또 있다. 메타 트랜스포메이션이라고 하는 패러다임 변화는 중장기적으로 10년, 20년을 두고 진행될 것이지만, 현재 암호화폐, NFT 등 가상자산 시장은 단기적으로 승부를 보려는 사람들

---

* 국제 간의 결제나 금융 거래의 기본이 되는 통화

과 투기를 하는 일부 세력으로 인해 왜곡되거나, 거품이 끼고 있는 것은 부인할 수 없는 사실이다. 앞서 인류의 역사적인 투자 탐욕 사건으로 언급했던 '튤립 파동', '대공황', '인터넷 버블'에서처럼, 인간의 광기는 예상치 못한 흐름을 만들 수 있다.

최근 암호화폐 시장뿐만 아니라, NFT 시장에도 광기와 투기의 사례가 존재한다. 투자에 정답은 없고, 투자의 적정한 규모도 개인마다 인식이 다르다. 그러나 자신이 투자하려는 분야에 대한 지식과 투자법을 공부하는 것은 필수다. 또한 그 흐름을 꾸준히 관심을 갖고 살펴보며 중장기적인 시선에서 시대의 변화를 연계한 투자를 노려보는 것이 바람직하다.

PART 5

NFT를 만들고
거래하는 사람들

JPG 파일 한 장이 830억 원에 팔리다

2021년 3월, 1766년 창설된 영국의 예술작품 경매 크리스티가 개최한 뉴욕의 한 경매에서 세계를 깜짝 놀라게 할 소식이 전해졌다. 디지털 아티스트로 알려진 비플Beeple의 작품 〈나날들: 첫 5000일 Everydays: The first 5000 days〉이 6930만 달러, 한화로 약 830억 원에 낙찰된 것이다. 정확히 말하면 이 작품의 'NFT'가 830억 원에 팔렸다. 살아 있는 작가의 작품 가격으로는 역대 세 번째로 높다.

실제로 만질 수도 없는 디지털 작품을 도대체 누가 이렇게 비싼 값에 구매한 것일까? 그보다 먼저 도대체 NFT가 무엇인지부터 알아보자.

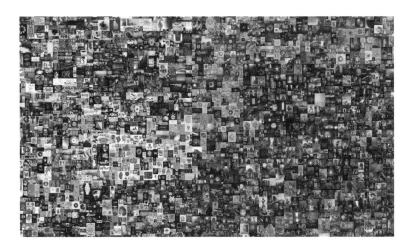

대체 불가능한 토큰, NFT

NFT란 'Non Fungible Token'의 약자로 우리말로 하면 '대체 불가능한 토큰'이다. 좀 더 쉽게 이해하기 위하여 단어의 뜻을 살펴보자. 우선 '대체 불가능하다Non Fungible'라는 말은 서로 맞교환할 수 없다는 뜻이다.

예를 들어, 내가 가진 1달러 지폐는 다른 사람이 가진 1달러 지폐와 교환할 수 있어 '대체 가능한Fungible' 화폐이다. 비트코인과 같은 암호화폐의 경우도 같은 수량만큼 맞교환할 수 있어 역시나 대체 가능

	디지털 자산	물질 자산
NFT와 FT, 물질 자산과 화폐 자산 비교		
대체 가능 (Fungible)		
대체 불가능 (Non Fungible)		

하다. 그러나 디지털 콘텐츠의 경우는 어떨까? 내가 좋아하는 축구선
수 손흥민의 득점 장면 영상 콘텐츠와 에베레스트 등반 때 찍은 풍경
사진 콘텐츠를 서로 맞교환할 수 있는가? 둘 다 너무나 소중한 콘텐
츠이지만, 서로 비교했을 때 그 가치를 맞교환할 수 없다. 각자의 상
황이나 판단에 따라 가치를 다르게 인식할 수 있기 때문이다. 이처럼
대체할 수 없는 고유한 가치를 가지고 있을 때, 이를 대체 불가능하다
고 한다.

그렇다면 토큰_{Token}이란 무엇일까? 토큰은 디지털 정보가 담겨 있는 공간으로 쉽게 말하면, 디지털 텍스트 파일 정도로 생각하면 된다. NFT는 블록체인*을 기반으로 한다. NFT에서의 토큰은 블록 단위의 데이터로 볼 수 있고, 토큰에는 해당 콘텐츠의 원천 주소(인터넷 상의 위치), 형태 정보, 크기 정보를 비롯하여 소유자의 정보가 들어간다. 만약에, NFT가 몇 번의 거래를 거치면서 소유자가 바뀌었다면, 최초 소유자부터 현재의 소유자까지 모든 정보가 토큰에 남겨져 있다.

요약하자면, NFT는 '디지털 콘텐츠의 고유 정보를 담은 기록장(텍스트 파일)'이라고 할 수 있는데, 부동산의 소유와 거래 정보를 담은 등기권리증과 비슷하며 해당 콘텐츠의 현재 소유자와 거래 이력 정보가 토큰에 담겨 블록체인 상에 기록되기 때문에, 위조나 변조가 불가능하다. 즉, 해당 콘텐츠의 진품 여부 혹은 소유권을 판별해주는 '디지털 인증서'이다.

---

* 블록체인이란, 데이터가 담긴 '블록'들을 '체인' 형태로 연결한 분산 데이터 저장 기술 정도로 얘기할 수 있는데 누구라도 임의로 수정할 수 없고, 누구나 데이터의 내용과 진위 여부를 열람할 수 있다는 점에서 웹 3.0의 핵심 기술로 꼽힌다.

선다르산이 NFT에 투자하는 이유

———

다시 비플의 작품으로 돌아오자. 그렇다면 비플의 작품을 830억 원이라는 거액에 낙찰받은 사람은 누구일까? 싱가포르에 기반을 둔 블록체인 기업가이자 엔젤 투자자* 선다르산Sundaresan이다. 그는 블록체인 스타트업 렌드로이드Lendroid의 현 CEO이자, 전 세계에 비트코인 ATM을 설치하고 있는 비트엑세스Bitaccess의 과거 설립자이다.

· 비플의 작품을 830억 원에 낙찰한 렌드로이드의 CEO 선다르산

———

*   기술력은 있으나 자금이 부족한 창업 초기 벤처기업에 자금 지원과 경영 지도를 해주는 개인 투자자를 말한다. 자금이 시급한 벤처기업에 갑작스럽게 나타나 돈을 출자해주기 때문에 '천사'라는 이름이 붙었다. [출처: 매일경제]

그는 가상자산에 적극 투자하고, 이미 큰 부를 창출한 메타 리치이다. 메타퍼스Metapurse라는 프로젝트를 통해 비플의 작품 외에도 20여 개의 디지털 예술 작품을 공개적으로 구입해 NFT화한 다음 이들을 묶어 갤러리를 만들기도 했다. 그는 이렇게 말한다.

> "앞으로 NFT 르네상스가 펼쳐질 것이다. 사람들은 소장하고 싶은 콘텐츠의 가치를 매기고, 정당한 대가를 지불하게될 것이다."
>
> - 엔젤 투자자 선다르산

그의 투자 대상은 디지털 예술 작품뿐만 아니라 대퍼랩스Dapper labs가 개발한 NFT 플랫폼 '플로우Flow'도 포함되어 있다. 대퍼랩스는 NFT의 시초라 할 수 있는 블록체인 기반 고양이 육성 게임 크립토키티CryptoKitties를 개발한 회사다. 크립토키티가 엄청난 인기를 끌자 대퍼랩스는 2020년 NBA와 파트너십을 체결해 NBA의 짧은 하이라이트 영상을 NFT로 판매하는 'NBA 탑샷Top Shot'를 비롯한 다양한 NFT 거래 플랫폼을 만들었다. 플로우는 대퍼랩스의 수많은 수집형 NFT 게임과 앱에서 발생하는 디지털 수집품을 거래할 수 있는 플랫폼이다.

• NFT 활성화의 시초라고 할 수 있는 크립토키티(좌)와 NBA Top Shots(우)

'구매는 쉽게, 저작료는 정당하게' NFT 민주화

선다르산이 NFT 플랫폼에 투자하는 이유는 그가 지향하는 NFT 민주화를 뒷받침하기 때문이다. 그는 디지털 예술 작품이나 유명인의 영상, 사진, 캐릭터 등 희귀한 콘텐츠를 소장하고 싶은 개인에게는 쉽게 접근할 수 있는 플랫폼을 제공하고, 원작자 혹은 콘텐츠의 스토리를 만든 작가에게는 저작료를 지급하는 구조를 만들겠다는 포부를 갖고 있다. 그는 이것을 'NFT 민주화'라고 정의한다. 실제로 그는 그가 진행한 프로젝트에서 콘텐츠 제작자, 프로듀서, 콘텐츠 스토리텔러 등에게 12개월 동안 10만 달러를 제공하여 이익을 나누기도 했다.

세계적인 미술품 경매업체 크리스티가 NFT 작품 경매를 시작한 것도 이와 맥락을 같이 한다. 디지털 시대가 도래하고 디스플레이 기술이 진화하면서 실물 예술 작품만큼이나 디지털 예술 작품을 즐기는 사람들이 늘어났다. 최근 엘팩토리가 개발한 스마트 액자 '블루캔버스'는 디지털 콘텐츠 형태의 그림을 걸 수 있는 액자이다. 이용자는 엘팩토리의 미술 NFT 플랫폼 앱을 통해 언제 어디서나 콘텐츠를 간편하게 관리할 수 있고, 수천 점의 명화부터 신진작가의 작품까지 무료로 자유롭게 감상할 수 있다. 블루캔버스와 같은 디스플레이를 활용해 반드시 실물의 작품이 아니라 디지털 콘텐츠 형태로도 작품을 충분히 즐길 수 있다는 경험이 쌓인다면, 작품의 '복제품'이 아닌 '진품', 즉 'NFT'를 소유하고 싶은 욕구도 더욱 커질 것이다.

• 엘팩토리가 개발한 스마트 액자 '블루캔버스'. 2022년 3월에 소형 스마트액자 아티비아를 출시할 예정이라고 한다. [이미지: 엘팩토리]

크리스티도 이와 같은 시대 변화의 흐름에 따르고자 했다. 특히, 시장과 고객의 변화를 따라가지 않을 수 없다고 판단했다. 디지털 예술 작품은 공급, 관리 측면에서도 훨씬 효율적이라, 크리스티는 실물만을 경매로 취급하던 관행을 깨고, 새로운 변화를 과감히 시도했다.

또한, 최근 그래픽, 텍스트, 비디오 등 디지털을 기반으로 한 새로운 형식의 예술이 영역을 확대하며 급성장하고 있는 점도 크리스티가 간과할 수 없는 부분이기도 했다. 그럼에도 디지털 예술 작품은 디지털의 특성인 '무한 복제 가능'이라는 점에서 저작자가 그 권한을 오롯이 누리지 못하고 있어, 크리스티가 변화의 전면에 나선 것이다. 크리스티는 NFT가 아티스트에게 저작료를 쉽고 정당하게 지급할 수 있는 시스템을 구축한다는 점을 이해하고 적극적으로 용인했다.

NFT를 둘러싼 저작권과 소유권 문제

그렇다면 예술가 혹은 일반인이 자신만의 콘텐츠를 NFT로 만들었을 때, 저작권을 보장받을 수 있을까? 여기에는 우선 지식재산권 Intellectual property right의 개념부터 이해할 필요가 있다. 지식재산권이란 창의성에서 비롯된 개념으로 물리적인 형태가 없는 재산에 대한 권리이다. 지식재산권은 저작권, 상표, 특허, 영업 비밀 등으로 구성

된다. NFT의 경우 해당 콘텐츠의 소유권을 사는 것이기 때문에, 저작권이 넘어가지 않는다. 저작권은 창작자나 예술가에게 있으며 NFT 구매자는 구매자가 보유한 예술 작품의 NFT를 상업적 용도가 아닌 개인적인 용도로만 사용할 수 있다. 즉, 저작권과 소유권을 구분할 필요가 있다.

NFT 구매자는 저작권이 없으므로 콘텐츠의 복사본을 다른 사람에게 공유하거나 판매할 수 없다. 정확히 말하면 복사본을 통해 부가적인 이득을 취해서는 안 된다. 2차 저작물을 만들 권리 또한 없다. 물론 NFT 구매 시에 원저작자에게 저작권을 양도받는다거나, 2차 저작물 활용 시 수익을 어떻게 배분할지 구체적인 계약을 맺었을 경우는 예외에 해당한다.

NFT를 만들 때부터 저작권을 침해하는 경우가 발생할 수도 있다. 인터넷에 떠도는 영상이나 그림을 NFT화하는 것이 그 경우다. NFT를 발행하기 위해서는 창작자의 저작권을 양도받거나 이용 허락을 받아야 한다. 그러나 이를 제대로 단속하는 기관이 없는 것이 문제다. 최근 확대되고 있는 NFT 거래소에서도 NFT 발행 시에 최초의 창작자를 정확히 따져 묻지 않는다. NFT의 저작권과 소유권 문제는 향후 NFT 시장 성장의 가장 큰 걸림돌로 작용할 가능성이 크다.

꾸준히 성장하는 NFT 시장

NFT를 둘러싼 저작권 이슈에도 불구하고 현재 NFT 시장은 꾸준히 성장하고 있다. 전 세계 NFT 자산 규모를 보면, 2021년 기준으로 약 7억1000만 달러이다. 우리 돈으로 환산하면 약 8000억 원(2021년 기준) 규모로 성장했다.

거래액을 기준으로 보면 2021년 1월부터 6월까지는 매월 1억 달러도 넘지 못했지만, 7월 이후 거래액이 급증하여, 8월에는 5억 달러를 넘어섰다. 7월부터 9월까지의 거래액만 합해도 10억 달러가 넘어간다. 2021년 기준 연간 20조 원 이상으로 평가받고 있다.

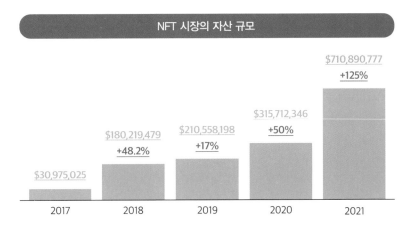

NFT 시장의 자산 규모

출처: NonFungible.com

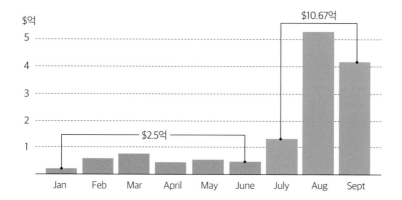

2021년 월별 전 세계 NFT 거래액

$억

$10.67억

$2.5억

Jan Feb Mar April May June July Aug Sept

* 출처: DappRadar

메타 리치는 제페토에서
이미 돈을 벌고 있다

가입자 수 2억4000만 명 돌파('21년 3분기 기준), 하루 약 200만 명의 이용자가 몰리는 화제의 메타버스 플랫폼이 있다. 아시아에서 가장 인기 있는 메타버스 플랫폼 제페토이다. 사람들은 제페토에서 아바타 셀카를 찍기도 하고, 유명한 곳에 방문하여 인증사진을 찍으며 현실세계를 뛰어넘는 다양한 경험을 한다.

현재 전 세계적으로 가장 이용자가 많은 메타버스 플랫폼인 로블록스의 일일 활성 이용자가 4,700만 명('21년 3분기 기준)인 것에 비교하면 크게 못 미치긴 하지만, 제페토는 다른 메타버스 플랫폼과 다른 독보적인 영역을 구축하고 있다.

먼저 제페토 이용자 구성을 보면 90%가 외국인이며, 그중 80%가 13~24세 그룹이다. 그리고 이용자의 약 70%가 여성이다. 아시아인, 젊은 여성, 10~20대가 주 타깃이다. 그리고 현재 대표적인 메타버스 플랫폼인 로블록스, 포트나이트, 동물의 숲 등을 이용자들이 '게임 공간'으로 인식하고 있지만, 제페토는 이용자들이 게임보다는 주로 자신의 디지털 자아인 '아바타'가 살아가는 공간으로 인식하고 있다는 점이 가장 큰 특징이다.

가상세계에서 일어나는 경제활동

제페토의 이용자들이 제페토를 단순히 '게임 공간'이 아니라 자신의 제2의 자아가 살아가는 공간으로 인식하는 만큼, 제페토 안에서는 현실세계와 유사한 형태의 경제활동이 일어나고 있다.

대표적인 사례로 명품 브랜드의 메타버스 플랫폼 입점을 들 수 있다. 구찌는 2021년 2월 제페토에 이탈리아 피렌체 본사를 배경으로 한 가상 매장 '구찌 빌라'를 열었다. 이용자들은 자신의 아바타로 직접 구찌 패션 아이템을 착용해볼 수 있다. 구찌 외에도 디올, 나이키, 랄프 로렌 등 대형 패션 브랜드들도 제페토에서 가상 의류 컬렉션을 공개했다. 그뿐 아니라 가수 겸 배우 셀레나 고메즈와 K-POP 아티스

• 제페토에서 열린 블랙핑크의 가상 팬사인회에는 4600만 명이 넘는 이용자
가 다녀갔다. [이미지: 제페토]

트 블랙핑크가 제페토 안에서 단독 상품을 판매하고 팬미팅을 진행
하기도 했다.

　이처럼 유명 브랜드가 제페토에 관심을 두는 이유는 두 가지다.
첫째는 제페토의 주 이용자층인 10대, 20대에게 브랜드 인지도를 높
이려는 목적이다. 둘째는 제페토라는 가상세계에서 현실세계만큼이
나 다양한 경제활동이 이뤄지고 있다는 측면에서, 제페토가 새로운
'시장'으로서 가능성이 있는지 살펴보려는 목적이다.

현실과 가장 유사한 가상 패션 시장

현재 제페토에서는 약 15억 개의 가상 패션 아이템이 판매되고 있다. 아이템 대부분은 독립 제작자, 즉 개인이 제작한 것이다. 제페토는 현존하는 그 어떤 글로벌 메타버스 플랫폼에 비해 가상 패션 아이템 시장이 현실의 패션 시장과 가장 유사하게 형성되고 있다.

인류 역사상 의복 산업이 대량 생산 형태를 갖춘 것은 1700년대 무렵이다. 당시, 산업 혁명으로 인해 기계가 발달하게 되었고, 패션 디자이너들의 창작물을 기계로 손쉽게 방적, 직조, 봉제하게 되면서 대량생산 산업으로 성장했다. 그러나 1700년대 이전까지만 해도, 개인이 직접 의복을 생산하는 경우도 많았으며, 소수의 장인들이 만든 맞춤형 제품을 구입하는 전문가의 영역이기도 했다. 에르메스Hermes, 루이비통Louis Vuitton과 같은 명품 브랜드들도 소수의 장인들이 가업을 이어가면서 의복을 만들다가 현재의 명품 브랜드에 이르게 되었다.

제페토의 패션 아이템 시장은 이러한 의복 산업 초기의 모습과 닮아 있다. 이후에 소개할 아이템 크리에이터들은 1700년대 장인들처럼 자신만의 패션 아이템을 창작한다. 그리고 맞춤형 유통 방식으로 거래가 이루어진다.

제페토가 크리에이터를 적극 지원하는 이유

제페토는 메타버스 세상에서 의복 산업이 성장할 수 있는 토대를 구축하는 과정에 있다. 제페토는 이용자들이 적극적으로 경제활동을 할 수 있도록 여러 시스템을 제공한다. 대표적으로 이용자들이 아이템을 제작할 수 있는 템플릿 에디터를 제공한다. 샘플 의상을 고르고 2D 이미지를 등록하면 누구나 3D 아이템을 창작할 수 있는 도구다. 디자인을 전공하지 않아도 누구나 손쉽게 패션 아이템을 만들 수 있

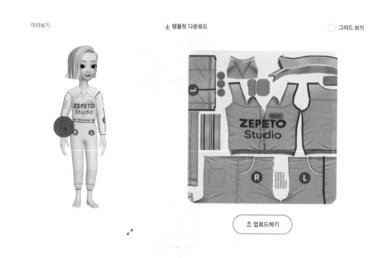

• 제페토에서 제공하는 템플릿 에디터. 이 기능을 이용하면 누구나 쉽게 패션 아이템을 만들 수 있다. [이미지: 제페토]

다. 그리고 이용자는 아이템을 판매해 5000잼 이상(약 12만 원) 수익을 얻으면, 한 달에 한 번 현금화도 가능하다. 이때 제페토는 결제 수수료 30%를 떼어가면서 수익을 창출한다.

최근 제페토, 로블록스, 포트나이트 등 글로벌 상위 메타버스 플랫폼들은 현실세계의 다양한 경제활동이 가능한 가상경제 구축을 꿈꾸고 있다. 이를 위해서는 현재 게임과 유사한 형태이지만 향후 더 넓은 범위의 디지털 재화가 이용자에게 도달하고, 이용자 간에 상호 거래가 활발히 이루어져야 하며, 플랫폼 간에도 손쉽게 상호적으로 운용될 수 있는 더 복잡하고 유기적인 가상경제 생태계가 조성되어야 한다.

• 네이버제트 공동대표 김대욱의 제페토 아바타 [이미지: 네이버]

제페토 최고전략책임자cso 이루디는 제페토가 "제페토는 현재 세계 최대의 가상 패션 시장일 것"이라고 말했다. 그리고 향후 다양한 분야의 크리에이터들을 지원하여 제페토가 가상경제 생태계의 중심이 될 것이라는 점을 밝혔다. 바로 그 가상경제의 중심에 NFT 시장이 있고, NFT 크리에이터가 있다.

> "사람들은 이미 여기서 돈을 벌고 있다. 우리가 의도하지 않았는데도 자연스럽게 제페토 중심의 경제 생태계가 굴러가고 있다. (…) 다니던 회사를 퇴사하고 제페토 의상 디자이너가 된 사람, 제페토 아바타들이 놀 수 있는 맵을 만들어 유통하는 가상 건축가도 생겼다."
>
> - 네이버Z 공동대표 김대욱

두 달 만에 40만 달러를 번 NFT 크리에이터

국내 제페토 크리에이터 렌지는 제페토에서 매월 1500만 원의 순수익을 올리는 '메타 리치'다. 지난 일 년 반 동안 렌지가 제작하여 판매한 가상 옷(디지털 의류)은 약 1500벌에 달한다. 제페토라는 메타버스 가상공간에서 사람들이 아바타로 살아가는 시간이 증가하고 다양한 일상 활동이 늘어감에 따라 그는 점점 패션업계의 큰손이 되어간다. 과거 인류의 현대화 과정에서 의복 산업이 크게 성장하던 시점에서 선도적 사업가들이 새로운 기회를 주도하여 큰 부를 창출했던 것처럼 말이다.

"문과생이지만 일주일간 밤샘하며 독학해서 3D 옷을 만들었다. 제페토는 시간대별 판매량 등을 바탕으로 아이템 순위를 매기는데 그해 4~5월 상위권을 렌지의 신상품들이 싹 쓸이했다."

- 월 1500만 원을 버는 제페토 크리에이터 렌지[*]

MZ 세대를 중심으로 메타버스는 더 이상 놀이 공간이 아닌, 경제 활동의 공간으로서 현실세계의 많은 부분을 대체하고 있다. 이를 실감경제Immersive Economy[**]라고 한다. 디지털 의류와 같이 가상세계의 경제활동 수단은 무형의 디지털 재화이다. 따라서 현실세계의 재화와 달리 실물이 존재하지 않고 무한 복제가 가능하다 보니, 거래하기 위해서는 가치를 부여하고, 소유를 인증하는 과정이 필요하다.

여기에서 바로 NFT가 활용된다. 메타버스 가상세계에서 나의 아바타가 입는 옷이 '가짜 복사본'이 아닌, '진짜 구입한 제품'이 되는 것이다. NFT는 가상세계에서도 단 하나의 제품을 소유하고자 하는 인간의 욕구를 채워주고 있다.

---

[*] 「유튜브? 시대에 뒤처졌군요, 난 제페토 인플루언서」 매일경제, 임영신 기자, 2022년 1월 7일
[**] 온라인 게임, 메타버스 등 가상공간에서 가상 상품을 거래하는 경제 체제

NFT를 팔아 40만 달러를 번 12세 소년

한 12세 영국 소년이 NFT로 두 달 만에 수억 원을 벌어 주목을 받았다. 벤야민 아메드Benyamin Ahmed는 다섯 살 때 웹 개발자인 아버지 임람 아메드의 일하는 모습을 어깨너머로 보며 프로그래밍 공부를 시작했다. 프로그래밍 공부에 점차 재미를 붙여가던 아메드는 2021년 초 NFT를 처음 접하게 되었고, 여기에 흠뻑 빠지게 되면서 메타리치의 삶을 꿈꾸게 되었다.

• 두 달 만에 40만 달러를 벌어들인 NFT 컬렉션 '이상한 고래들(Weired Whales)' [이미지: https://weirdwhalesnft.com/]

그는 자신만의 NFT 컬렉션 제작을 시작했다. 마인크래프트 게임 영상 클립이나 이미지 파일을 NFT로 제작하여, 디지털 자산 컬렉션으로 만들어 판매했다. 그가 처음으로 판매한 컬렉션은 40개의 색상과 픽셀로 이루어진 아바타 '마인크래프트 이하_{Yee Haa}'였다. 두 번째 컬렉션인 '이상한 고래들_{Weired Whales}'은 하루도 되지 않아 모두 팔려 대박을 터트렸다. 이 컬렉션은 8비트 스타일로 만들어진 고래들로 하나당 0.025이더로 총 3350개가 팔려 80이더를 벌었다. 이를 우리 돈으로 환산하면 약 3억 원에 이른다. 벤야민 아메드는 재판매 시장에서도 NFT의 2.5% 로열티 수수료를 통해 9만5000달러에 해당하는 30이더를 추가로 벌었다. 그의 자산 가치는 현재(22년 1월) 약 5억 원에 이르는 것으로 추산된다.

손그림으로 1200만 원 번 14세 중학생

———

국내의 한 14세 중학생이 본인이 7세 때부터 공책에 그린 그림을 NFT화해서 한 플랫폼에 올렸는데, 미국의 한 NFT 아트 컬렉터가 이를 구입했다. 가격은 0.013이더리움으로 약 5만 원 정도이다. 아트띠프_{Arthief}라는 이름으로 활동하는 14세 중학생은 이후 여러 작품들의 NFT를 순차적으로 올렸고, 지금까지 약 1200만 원의 수익을 올렸다. 국내의 한 방송에서 아트띠프의 NFT를 처음으로 구매한 미국의 NFT 아트 컬렉터, 알렉스 고메즈를 인터뷰하였는데, 왜 14세 중학생

의 작품을 구입했냐는 질문에 이렇게 답했다.[*]

> "아트띠프의 그림 스타일에 곧장 매료됐고요. 저는 일러스
> 트 그림을 좋아해요. 포켓몬스터 게임을 하고 자랐거든요.
> 저는 그의 캐릭터들을 좋아해요. 그는 음악도 만드는데, 다
> 양한 예술을 하는 것도 마음에 들죠."
>
> — NFT 아트 콜렉터 알렉스 고메즈

그에게 아트띠프가 몇 살인지, 국적이 어디인지는 크게 중요하지 않다. 본인이 수집하고 싶은 예술 작품 스타일에 부합하고, 원작자의 취향이나 NFT 제작 스토리를 공감하고 좋아하기 때문에 NFT를 구입한 것이다.

이처럼 NFT 가상자산 시장의 확대는 예술분야 측면에서는 새로운 성장의 기회를 얻었다는 것과 특히 아마추어 작가나 일반인들의 창작 활동에 동기를 부여할 수 있고 제대로 된 가치를 인정해줄 수 있다는 점에서 긍정적이다. 향후 가상자산이 다양하게 활용될 수 있는 메타버스 플랫폼이 증가하고, 사람들이 가상자산에 대한 관심이 확

---

[*] 「올리는 데 단 5분! NFT 발행해 돈 버는 중학생 아티스트」 SBS 스브스뉴스, 2021년 12월 6일

대될수록 NFT는 중요한 역할을 하게 될 것이다. 그 과정에서 역량 있는 콘텐츠 예술가들은 NFT 크리에이터라는 새로운 직업을 통해 신흥 메타 리치로 성장하게 될 것이다.

• 오픈시에서 거래되고 있는 아트띠프의 NFT 작품 〈it Me〉

오픈시와 룩스 레어,
NFT 거래 플랫폼 대결

　유전학 분야의 대가인 하버드대 교수 조지 처치_{George Church}는 본인의 최대 연구 업적인 게놈 프로젝트의 연구 성과물을 NFT화했다. 인간의 유전자 정보를 다루는 연구이다 보니, 개인정보의 보안이 철저히 이루어져야 하는 분야 특성상 개인들의 DNA에서 추출한 게놈 정보를 NFT화하여 연구에 활용했다. 지금까지 NFT의 활용은 게임, 예술 등 문화예술 분야가 대부분이지만, 처치 교수의 게놈 프로젝트처럼 과학기술 분야를 포함하여 개인들이 소장하고 있는 다양한 디지털 콘텐츠 분야로도 확대될 수 있다.

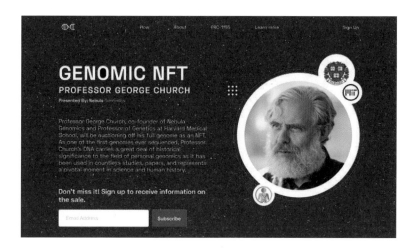

• 조지 처치 교수는 본인의 최대 연구 업적인 게놈 프로젝트의 연구 성과물을 NFT화했다. [이미지: https://nebula.org/genomic-nft/]

NFT는 어디에서 사고 파는 걸까?

이처럼 일반인들이 NFT를 제작해 다양한 분야에 활용하고, 이를 판매하기 위해서는 어떻게 해야 할까? 가장 간단한 방법은 NFT를 제작하고 거래할 수 있는 NFT 거래 플랫폼을 이용하는 것이다. 전 세계에서 가장 크고 유명한 NFT 거래 플랫폼으로 '오픈시Open Sea'가 있다. 2021년 기준으로 오픈시에서는 1500만 개 이상의 NFT가 거래되었으며, 누적 거래액은 3억5000만 달러(한화 약 4000억 원) 이상으로 알려져 있다. NFT를 제작하는 과정을 민팅Minting*이라고 하는데, 민팅 과정에서 NFT의 이름을 만들고, 원 콘텐츠의 링크를 연결하고, 향후 발생할 수 있는 수익 및 원하는 가격 등을 설정하게 된다. 민팅 과정에서 몇몇 거래 플랫폼들은 수수료인 '가스피'를 부과하기도 한다.

현재 오픈시 외에도 라리블Rarible, 니프티 게이트웨이Nifty Gateway, 슈퍼레어SuperRare 등 최근 다수의 대형 NFT 거래 플랫폼이 탄생했다. 여기서 중요한 것은 NFT의 활용이 확대되는 만큼 믿을 만한 플랫폼이 생겨나고 있느냐는 점이다.

MARKETPLACES

	MARKET		▼ AVG. PRICE	▼ TRADERS	▼ VOLUME
1	LooksRare	◆ ETH	$397.69k 11.08%	1,418 -10.93%	$540.46M 11.9%
2	OpenSea	◆ ETH · Polygon	$760 -15.69%	70,649 -15.07%	$124.22M -21.98%
3	Magic Eden	SOLANA	$288.66 9.11%	27,816 9.72%	$10.74M 24.39%
4	Axie Infinity	◆ ETH · RONIN	$51.22 -48.64%	45,613 27.98%	$6.07M 26.36%
5	CryptoPunks	◆ ETH	$270.07k 3.56%	16 220%	$2.43M 210.67%
6	NBA Top Shot	FLOW	$35.17 34.84%	23,905 31.62%	$2.01M 90.22%
7	AtomicMarket	WAX	$19.49 3.37%	14,306 -6.67%	$1.36M -9.6%
8	Mobox	BSC	$711.74 38.45%	832 0.48%	$832.02k 26.35%
9	BloctoBay	FLOW	$2.47k -7.84%	190 5.56%	$610.63k 27.17%
10	Solanart	SOLANA	$302.38 -0.17%	1,925 -6.68%	$425.45k -20.65%

* NFT 거래 플랫폼 순위(댑레이더, 2022년 1월 기준)

---

*   'NFT를 발행한다'는 뜻으로 사용하는 용어다. '주조하다'라는 뜻의 영단어 'MINT'에서 유래했다.보통 동전과 같은 법정화폐를 NFT는 본질적으로 디지털 화폐이기 때문에 같이 활용된다.

시중에 이미 수십 개의 NFT 거래 플랫폼이 존재하는데, 이 중 다수는 사업을 중단하기도 했다. 암호화폐 거래소와 마찬가지로 초기 시장의 특성상 안정적인 서비스를 제공하는 플랫폼이 시장에 자리 잡기에는 시간이 더 걸릴 것이다.

그러므로 거래 플랫폼을 선택할 때는 마켓 데이터 분석 업체인 댑레이더DappRadar 등의 순위를 체크해 거래 규모나 안정성이 보장된 곳을 고르는 것이 좋다.

수수료를 돌려준다고? 오픈시의 라이벌 '룩스 레어'

―――

최근 NFT를 제작하고 거래하고자 하는 사람들이 증가하면서, 수수료에 대해 부담을 느끼는 경우도 종종 있다. 투자 또는 판매를 위해서 NFT를 제작하는 것이 아니라, 소장 욕구를 충족시키려 내가 보유한 콘텐츠를 민팅하는 경우에는 수수료에 해당하는 가스피가 부담이 될 수 있다.

이런 상황에서 가스피 무료를 넘어 수수료를 이용자에게 돌려주는 거래 플랫폼이 있다. 2022년 1월 출시된 룩스 레어Looks Rare라는 NFT 거래 플랫폼이다. 1위 업체인 오픈시의 이용자를 끌어들이기 위해 2021년 하반기 오픈시 거래 이력이 있는 사용자에게 자체 토큰

Loooks을 부여한다든지, 자체 토큰을 이용하여 거래를 하는 사람들에게 수수료를 받지 않는 등의 정책을 펼치고 있다. 물론 후발 주자로서 이용자를 모객하고 점유율을 확대하기 위한 단기적 술수일 수도 있지만, 앞서 소개한 웹 3.0이라는 새로운 패러다임이 추구하는 방향인 '이용자에게 수익이나 이득을 돌려준다'는 점에 부합하여 이용자들의 큰 호응을 얻고 있다.

룩스 레어 외에도 오픈다오OpenDAO, 인피니티Infinity와 같은 NFT 거래 플랫폼들도 룩스 레어와 비슷한 정책을 펼치고 있어, 향후 NFT 거래 플랫폼 시장의 경쟁이 점점 더 격화될 것으로 보인다.

◦ 룩스 레어는 'By NFT people, For NFT people(NFT 거래자들에 의한, NFT 거래자들을 위한)'이라는 슬로건을 내세우고 있다. [이미지: 룩스 레어 홈페이지]

NFT 거래 플랫폼에서 NFT의 판매나 구입은 주로 경매 방식으로 이뤄진다. 판매자는 최저가 혹은 목표 기간을 정해서 시장에 올려놓을 수 있고, 구매자는 내가 원하는 카테고리의 NFT를 선택하여, 입찰 금액을 제안하여 구매에 참여할 수 있다. 이를 통해, 판매자와 적정 입찰 가격을 제안한 구매자 간의 연결이 성사되고, 판매와 구매가 이루어진다.

과열된 NFT 시장, 방치된 위험들

　최근의 NFT 시장은 과열된 양상을 띠고 있다. 인도의 한 청년이 찍은 셀카가 14억 원에 팔리는가 하면, 오디오 SNS 클럽하우스 Clubhouse에서 사람들이 웅성거리는 소리를 녹음하여 제작한 NFT가 NFT 경매 플랫폼에 올라오기까지 한다. 또한, 유명 연예인들은 최근 NFT를 자신들의 홍보나 주요 활동에 활용하기도 한다.

　린제이 로한Lindsay Lohan은 무일푼 예술가들을 돕겠다는 뜻으로 자신의 캐릭터를 동물로 표현하여 NFT를 제작해 판매했다. 그리고 '모피를 쓰지 말자'는 숨겨진 메시지를 담았다. 그의 NFT 중 하나는 4700달러에 판매되기도 하였는데, NFT와 동물 보호를 엮는 것은 딜

레마라며 여러 언론의 지적을 받기도 했다.[*]

　몇 년 전부터 유명인들이 너도나도 유튜브 채널을 만드는 것이 유행이었듯이 유명인들의 NFT 제작도 점점 유행처럼 번지고 있다. 게다가 NFT의 경우 그들의 이름값에 따라 천차만별의 '값어치'가 매겨진다. 이처럼 유명인들은 물론 일반인들 사이에서도 너무나 많은 NFT가 새로 생겨나다 보니, 이를 투자처로 생각한 구매자들의 피해 또한 커지고 있다. 그 이유는 뭘까?

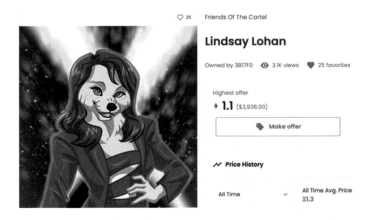

· 린제이 로한은 모피에 반대하는 의도로 개, 여우를 의인화하여, 본인과 닮은 캐릭터를 만들어 NFT로 올렸다.

---

[*]　NFT의 기반 기술인 블록체인은 거래마다 필요한 컴퓨팅 파워로 인해 과도한 에너지를 사용하는 기술이라는 일부 환경 단체의 지적이 있다.

구매한 NFT가 사라졌어요 '러그 풀 사기'

만약 마트에서 물건을 샀는데 집에 오니 그 물건이 감쪽같이 사라졌다면 어떨까? NFT 구매자에게는 가능한 일이다. NFT는 블록체인 기술을 활용하기 때문에 원 콘텐츠와 연결된 디지털 정보의 위조나 변조는 막을 수 있지만 만약 원 저작자가 NFT에 연결된 원 콘텐츠 자체를 훼손하거나 파기하면 그 어떠한 방어도 할 수 없다. 그러면 NFT를 구매한 사람은 속수무책으로 피해를 볼 수밖에 없다. 이것이 바로 NFT의 기술적 한계이다.

디지털 아트 작품을 NFT로 발행하면 디지털 이미지, 텍스트, 영상물 등의 명칭과 창작자, 작품 정보 등의 메타데이터metadata가 블록

· NFT 판매 후 개발자가 파기해버린 Evolved Apes 원숭이 NFT

체인 위에 기록된다. 작성자, 항목 설명, 가격, NFT 생성일, 해당 디지털 아이템의 소유권, 로열티, 거래 내역도 기록된다. 또한 해시값 hash value *과 함께 그 디지털 이미지 원본과 연결되는 링크가 생성된다. 즉, NFT는 해당 이미지를 설명하는 구체적친 정보일 뿐 이미지 실체가 담긴 것은 아니다. 예를 들어 원작자가 원본 이미지의 위치를 옮겨버리거나, 해당 위치의 원본 파일을 아예 삭제해버린다면 문제가 생긴다. 마트에서 물건을 샀는데, 집에 오니 물건이 사라진 것과 같다.

최근 이러한 NFT의 기술적, 구조적 한계를 파고들어 구매자가 피해를 보는 사례가 종종 발생하고 있다. 가상자산 개발자가 사기성 프로젝트에 대한 투자금을 모은 뒤 프로젝트를 파기하는 수법인데, 이를 러그 풀Rug Pull이라고 한다. 양탄자라는 뜻의 '러그Rug'와 당긴다는 뜻의 '풀Pull'의 합성어로, 양탄자를 깔았다가 그 위에 사람들이 올라오면 갑자기 잡아 뺀다는 뜻이다.

최근 'Evolved Apes'라는 컬렉션에 속해 있던 한 개발자는 NFT 판매로 수백만 달러의 매출을 올린 후 사라졌다. 이미 많은 사람이 NFT를 구매한 이후였다. 대표적인 러그 풀 사건이다. NFT 러그 풀

---

*   복사된 디지털 증거의 동일성을 입증하기 위해 파일 특성을 축약한 암호 같은 수치로 일반적으로 수사과정에서 '디지털 증거의 지문'으로 통한다. [한경 경제용어사전]

은 개발자, 즉 원작자에 많은 것을 의존할 수밖에 없는 현재의 NFT 시장의 한계를 드러내기도 한다. 위치 정보에 해당하는 원 소스가 NFT의 토큰에서 제거 또는 변경되는 경우 그 피해는 NFT 소유자에게 그대로 전가될 수밖에 없다.

2021년 3월, '니더컨펌Neitherconfirm'이라는 가명을 사용하는 크립토 아티스트는 인공지능이 그린 26개의 초상화로 세계 최대 NFT 거래 플랫폼 오픈시에서 NFT 컬렉션을 열었다. 구매자들의 관심이 확대되어, 일부 구매가 이루어진 상황에서 아티스트는 모든 NFT의 이미지를 카펫 이미지로 변경했다. 그는 트위터를 통해 NFT 구매의 위험성을 지적하기 위해 이런 일을 벌였다고 말했다.

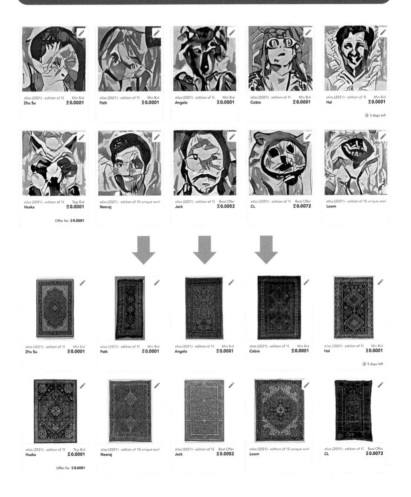

- Neitherconfirm은 직접 NFT를 엉뚱한 이미지로 교체한 것을 보여주면서, 중앙화된 NFT는 여전히 분실, 위변조될 수 있다는 위험성을 지적했다.

"What is the meaning of creating an unforgeable token on a highly secured network if somebody can alter, relink or destroy your possession? As long as the value of your artwork is reliable on a central service you do not own anything. 누군가가 당신의 소유물을 마음대로 변경하거나 파괴할 수 있다면, 대체 불가능한 토큰(NFT)을 만드는 것이 무슨 의미가 있습니까? 당신의 작품이 중앙 서버 상에 존재하는 한 당신은 아무것도 소유하지 않는 겁니다."

- Neitherconfirm의 트위터

NFT 시장에 대한 우려

MIT 테크놀로지 리뷰MIT Technology Review는 최근 제기되고 있는 NFT 시장에 대한 다섯 가지 우려를 다음과 같이 주장했다.

첫째, 투기 광풍이다. 초기 시장이라는 특성으로 인해 쏟아져 들어오는 '눈먼 돈'의 비중이 작지 않다는 비판이다. 830억 원에 판매된 비플의 작품마저 '버블'이라는 주장이다.

둘째, 환경 문제다. NFT의 발행과 유통으로 인해 발생하는 블록체인 검증 과정에 드는 전력 소비가 지나치다는 점이다. 이러한 우려에 따라 현재 NFT 기술의 시장 표준으로 자리 잡고 있는 ERC-721[*] 방식을 적용한 대표적인 블록체인인 이더리움은 2020년 12월 전력 소비가 보다 적은 방식으로 전환하겠다는 발표를 하기도 했다.

셋째, 법적 문제다. NFT의 발행에는 대상 파일에 대한 저작권이 필요하지 않기 때문에 원작자가 모르는 사이에 본인의 작품이나 소유물이 NFT로 발행되어 거래되는 문제가 생길 수 있다. 앞서서도 지적했듯이, 저작권과 소유권의 문제는 향후 NFT 시장 대중화에 있어 가장 민감하게 부각될 수 있다. 여러 분야의 전문가들이 함께 머리를 맞대고 풀어나가야 할 과제이다.

넷째, 안전성 측면이다. 블록체인이 해킹에 완전히 자유로울 수 없다는 주장이다. 이는 블록체인 기술이 이론적으로는 해킹이나 위조, 변조를 막기에 완벽한 기술로 여겨지나, 최근 암호화폐, NFT의 소규모 거래 플랫폼들이 난무하는 상황에서 충분히 빈틈이 생겨날 수 있다. 현재 기술 자산 거래 시장이 너무나도 빠르게 형성되고 있어 우려스러운 상황이다.

다섯째, 영구성 측면이다. NFT를 통해 취득한 소유권은 반영구적

---

[*] ERC는 Ethereum Request for Comment의 약자로 이더리움 네트워크에서 토큰을 만들때 따라야 하는 프로토콜을 의미한다. ERC-721을 따르는 NFT 토큰은 ID, 값 등으로 구별되어 다른 자산과 호환되지 않는다.

이라고 볼 수 있으나, 소유 대상의 '원본'이 소실될 우려는 언제든지 존재한다는 점이다. 앞서 언급한 러그 풀의 사례처럼, 충분히 현실에서 일어날 수 있는 문제다.

이렇듯 NFT가 아직은 기술적, 사회적, 산업질서적으로 완벽하게 진화하지 못한 상황임을 인지하고 투자에 접근할 필요가 있다.

NFT는 적절한 투자 대상인가?

도대체 사람들은 왜 NFT를 사는 걸까? 앞서 투자 역사에서 살펴보았듯이 인간의 본능에는 '가치 있고 희소한 것을 가지고 싶은 욕구', '더 가치 있는 것으로 교환하고 싶은 욕구'가 늘 존재한다. 수집품 시장의 수집가들은 지금까지 실물 수집품에 대해서만 표출했던 욕구를 디지털 가상세계의 NFT 시장에도 그대로 적용하기 시작했다. 2021년 상반기 가장 많이 거래된 NFT는 수집품 분야로 나타났으며 거래액 규모로는 전체 NFT 거래액 대비 약 60%를 웃돈다. 아직까지 전 세계 NFT 시장은 수집가들이 주도하는 시장이다.

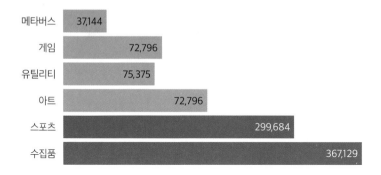

2021년 상반기 분야별 NFT 거래량

메타버스	37,144
게임	72,796
유틸리티	75,375
아트	72,796
스포츠	299,684
수집품	367,129

• 출처: NonFungible.com

　　그러나 최근 다른 변화가 감지되기 시작했다. 사람들의 메타버스 가상공간 속 활동이 늘어나면서 아바타가 사는 가상공간을 현실세계처럼 꾸미고자 하는 욕구가 표출되기 시작했다. 이들은 가상공간에서 나만의 집, 사무실, 취미 생활 공간을 꾸미면서 시간과 공간 그리고 금전적 제약으로 현실세계에서는 미처 채우지 못한 욕구를 가상공간에서 충족하고 있다. 게다가 가상에서 손쉽게 원하는 아이템을 제작하여, 새로운 부를 창출하기까지 한다.

　　대표적으로 '스페이셜Spatial'이라는 메타버스 플랫폼이 있다. 스페이셜은 이용자가 웹, 모바일, VR 등 원하는 채널 또는 기기를 통해 메타버스 가상공간에 들어가, 현실세계의 갤러리, 모델하우스 또는 개인 사무실과 같은 공간을 꾸밀 수 있다. 최근 유명 글로벌 아티스트 혹은 아마추어 예술가들은 자신만의 가상 갤러리를 스페이셜에 구축하거나, 가상공간에서 전시 행사를 열고 있다. 그들은 가상공간에서 작품 전시, 팬들과의 소통을 하는 것뿐 아니라, 이와 연계하여 NFT 작품을 판매한다. 미술 및 창작품 시장에 새로운 바람이 불고 있는 것이다.

　나만의 가상공간을 갖게 되면 자연스럽게 그곳에 내가 좋아하는 예술작품을 걸어 두고 싶은 욕구, 내 가상 서재에 내 우상의 조형물을 세워 두고 싶은 욕구, 내 지인 아바타들에게 내가 소장하고 있는 아티스트의 캐리커처를 자랑하고 싶은 욕구가 생기게 된다.

· 가상공간을 활용한 갤러리 [이미지: 스페이셜]

소유에 대한 욕구는 자연스레 가치 지불을 통한 '소유 인증' 목적인 NFT 구입으로 이어진다. 인터넷에서 쉽게 접하는 GIF, JPEG 형식의 사진은 무한 복제가 가능하며, 무엇이 원본인지 찾는 것도 무의미했지만, NFT로 기록하면 그 소유자가 누군지 알 수 있고, 아이템마다 가격을 다르게 매길 수도 있다. NFT 구매자들은 NFT를 마치 디지털 소유권처럼 여긴다.

NFT, 멋지지만 위험한 가상자산

NFT에 처음 관심을 갖고, 실제 구매에 나서는 사람들은 소유보다는 투자 목적으로 NFT를 바라본다. NFT가 단순 소유가 아닌 투자를 위해서도 적절한 대상일까? 이 질문에 대한 대답은 구체적인 투자 목표에 따라 달라질 수 있다. 실물 예술품의 특징처럼 디지털 예술품 역시 유명 작가의 작품은 무명작가의 작품보다 수요가 많으므로 그 가치도 높게 유지되거나 상승할 가능성이 크다. 높은 대중 인지도, 창작자의 유명세, 희소성이 있는 NFT는 발행과 판매가 수월하게 이루어질 수 있다.

하지만 무명작가의 작품 혹은 일반인의 NFT를 구매했을 때, 이후에 가치가 상승할 가능성은 매우 낮다. 물론, 0.01% 확률로 대박이 나는 경우도 있겠지만, 굳이 무명작가나 일반인의 NFT를 투자 목적으로 구입하기에 NFT 시장은 너무나 거대하다. 최근 언론에 오르내리는 NFT로 대박이 난 예술 작품은 정말 극소수에 지나지 않으며, 아직도 오픈시와 같은 NFT 거래 플랫폼에는 단 한 번도 다른 이용자에게 조회되지 않은 수천, 수만 개의 NFT가 존재한다.

또한, 이미 구입한 NFT라 할지라도 원본의 저작권을 나눠갖는 것이 아니라 창작자에게 그대로 남아 있다. NFT의 구매자는 저작권이 없으므로 블록체인에 기록된 스마트 계약과 메타 데이터의 증명에 기댈 수밖에 없다. 다시 말해, NFT 구매자가 저작권자와의 계약에 따라 저작권을 별도로 이전받지 않는다면 저작권자는 여전히 새로운 NFT를 생성할 수 있고 저작물을 다른 곳에 사용, 전시, 배포할 수 있는 권리가 있다. NFT의 구입, 소유가 해당 작품이 온전히 내 것이라는 물질 세계의 소유와는 개념이 다르다는 것을 분명히 인식해야 한다.

예술 작품, 아바타, 패션 디자인, 유명 연예인의 밈, 한정판 상품 인증 등 많은 NFT 용도를 생각해보면 NFT 열풍은 지속될 가능성이 크다. 또한, 현재 이더리움 기반의 NFT는 여러 메타버스 플랫폼들을 넘나드는 기술적 호환성도 있다. 다만, 앞선 여러가지 이유에 의해서 NFT는 투자의 목적 보다는 소장, 금전적 가치보다는 심미적 가치를 더욱 우선시하고 접근하는 것이 좋을 것이라 생각된다.

PART 6

P2E,
놀면서 돈 버는 사람들

엑시 인피니티, 먹고살기 위한 게임

2021년 10월, 네이든 스메일 감독의 단편 다큐멘터리 〈플레이 투 언Play to Earn〉이 온라인 영화제 '로빈슨 국제 영화제Robinson Film Awards'의 단편 다큐멘터리 부문에서 수상했다. 18분 길이의 이 다큐멘터리 영화는 '엑시 인피니티Axie Infinity'라는 게임을 하는 필리핀 어린이들의 이야기를 담고 있다. '게임을 하는 어린이'라니 특별할 것 없어 보이지만 한 가지 독특한 점이 있다. 바로, 다큐멘터리 속 어린이들이 재밌어서 게임을 하는 것이 아니라 먹고살기 위해 게임을 한다는 점이다.

• 〈플레이 투 언Play to Earn〉의 한 장면. 한 학생은 코로나19로 일하던 식당에 손님이 끊겨 일자리를 잃자 밤낮으로 엑시 인피니티에서 코인을 모아 로스쿨 학비를 벌었다고 한다. [이미지: 플레이 투 언]

먹고살기 위해 게임하는 사람들

———

엑시 인피니티는 베트남의 게임회사인 '스카이 마비스_{Sky Mavis}'가 2018년 출시한 게임이다. 이 게임의 특이한 점은 게임 속 캐릭터인 '엑시'에 NFT를 붙였다는 것이다. 필리핀 어린이들은 각각 자신만의 캐릭터인 엑시를 키우고, 어느 정도 키운 엑시는 능력치가 생기는데, 적당한 시점에 엑시를 NFT 형태로 판매한다. 엑시를 필요로 하는 다른 이용자들은 비용을 지불하고 엑시를 구입한다. 엑시의 거래

172

에는 AXS라는 코인이 활용되는데 1AXS는 21년 12월 기준으로 16만 6000원대이다. 게임 속 미션을 완료하면 전 세계 다수 거래소에 상장된 가상자산인 SLP라는 코인도 제공된다. SLP는 하루 최대 125개까지 제공되는데 이용자는 이를 되팔아 수익을 얻거나 게임 내 다른 아이템 구매에 활용한다.

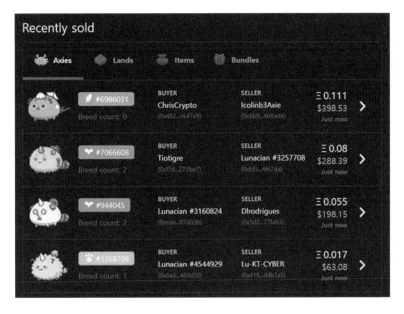

· 엑시 인피니티에서 키운 엑시는 NFT로 거래할 수 있다. [이미지: 엑시 인피니티]

이 게임을 시작하려면 처음에 엑시 세 개가 필요하다. 싼 엑시는 1~2AXS 정도지만 비싼 엑시는 1000만 원을 넘는 것도 있다. 그만큼 막대한 초기 자금이 필요하지만 보유한 엑시를 다른 엑시와 교배시켜, 그 사이에서 탄생하는 새로운 엑시를 거래할 수도 있다. 이렇듯 게임 속 화폐인 AXS와 SLP를 통해 얻는 수익이 필리핀의 월평균 소득을 웃돈다. 그래서 필리핀에서는 엑시 인피니티를 통해 생계를 유지하는 어린이들이 수십만 명에 이른다.

필리핀은 자국 내 경제산업이 약한 탓에 해외 이주 노동자의 송금에 의존하는 경향이 크다. 그러나 코로나19로 해외 취업이 제한되면서 생계가 어려워진 빈곤층이 늘었다. 이런 상황에서 가상자산의 가치가 올라가며 게임을 통해 현지 임금에 버금가는 상당한 수입을 창출할 수 있는 'P2E play to earn' 게임을 통한 경제활동이 증가하게 된 것이다.

> "게임 내 지출을 통해 게임사가 수익을 가져가는 기존 게임
> 과 달리 엑시 인피니티는 이용자가 그 안에서 시장을 형성
> 해 새로운 가상경제를 만들 수 있다."
>
> - 스카이 마비스 공동설립자 제프리 저린

스카이 마비스 공동설립자 제프리 저린 Jeffrey zirlin은 "전체 이용자 중 필리핀 이용자가 60%를 차지한다"며, 엑시 인피니티의 게임 속 가상경제가 현실경제를 뒷받침하는 데 기여하고 있다고 주장한다.

필리핀 정부는 엑시 인피니티로 돈을 버는 사람들이 급격히 늘자 이를 어떻게 관리해야 할지 고민에 빠졌다. 필리핀에서 암호화폐는 과세 대상이지만 AXS, SLP를 암호화폐로 봐야 할지, 증권으로 봐야 할지 중앙은행과 증권거래위원회에서 아직 판단을 내리지 못한 상태다.

로블록스에서
30억 원을 버는 10대 소년

'로블록스Roblox'는 전 세계 메타버스의 선두주자로 우뚝 선 게임 유통 플랫폼이다. 로블록스는 2021년 뉴욕증권거래소에 상장되어, 2022년 1월 기준 기업 가치 594억 달러, 우리 돈 70조 원까지 평가받았다. 로블록스는 다른 게임들과 다르게 아바타로 구현된 개인이 로블록스가 제공하는 툴을 이용해 게임을 만들고 이를 유통해 수익까지 창출한다. 현재 로블록스 내에서는 약 2000만 개의 게임이 존재하며, 약 130만 명의 이용자들은 자신들이 만든 게임으로 평균 1만 달러 이상을 벌어가고 있다.

게임을 만드는 방식도 간단하다. 3500만 개의 개발 도구를 이용

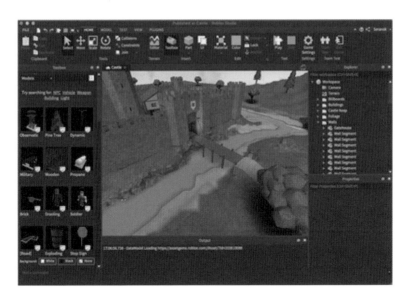

• 로블록스 스튜디오를 통해 로블록스 게임을 만드는 장면 [이미지: 로블록스]

해 마치 레고를 쌓듯 게임 스테이지를 만들면 끝이기 때문이다. 전문적인 기술이나 높은 컴퓨터 사양이 필요 없어 초등학생도 쉽게 만들 수 있다. 실제로 로블록스에서 유통되는 대부분의 게임은 초등학생이 직접 제작한 것이다.

게임도 만들고, 돈도 벌고! 로블록스

로블록스에서 가장 인기 있는 게임 중 하나인 '탈옥수와 경찰_{Jailbreak}'
도 당시 9살 초등학생이었던 알렉스 발판츠_{Alex balfanz}가 만들었다. 그
는 단순히 "술래잡기를 가상세계에서도 즐기고 싶다"는 생각으로 로
블록스에서 만난 친구와 함께 게임을 만들었다. 이 게임의 최대 동시
접속자 수는 60만 명이며 '21년 기준 매월 25만 달러(약 2억 8242만 원)
를 벌어들이는 것으로 알려졌다.

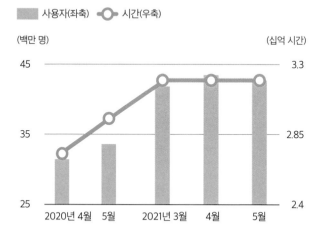

• 자료: 로블록스, 미래에셋증권

"친구들과 바깥에서 하고 싶은 놀이를 메타버스에서 만들었어요. 그냥 내가 하고 싶은 대로 구상했는데, 그게 바로 '탈옥수와 경찰'이에요. 저는 요즘도 제 게임을 즐겨요."

- 로블록스에서 매년 30억을 벌고 있는 알렉스 발판츠

쉬운 접근성 덕분에 로블록스는 미국 10대들에게 폭발적인 인기를 얻고 있다. 미국 13세 미만 어린이들의 60%가 매일 세 시간 이상 로블록스에 접속해 있을 정도다. 그들은 로블록스 세상에서 아바타의 모습으로 직접 게임을 만들고, 만든 게임으로 돈도 벌고, 다른 사람이 만든 게임도 하면서 시간을 보낸다.

가상에서 돈을 벌어 현실의 사람을 돕다

뉴욕타임스는 20세 로블록스 게임 제작자 앤 슈메이커의 사례를 소개했다. 앤은 패션을 중심으로 한 롤플레잉 게임인 '머메이드 라이프Mermaid Life'와 가상 반려동물 게임인 '마이 드롭렛My Droplets'이라는 두 개의 로블록스 게임을 개발했다. 2021년에 앤은 5억 원의 수익을 올렸다.

올해 22살이 된 앤은 10살이었던 2008년, 처음 로블록스를 시작

하고 자신의 첫 번째 게임을 만들었다. 이제 그는 로블록스 안에서 사람들이 자신만의 슈퍼히어로가 되어 게임을 즐길 수 있는 6개의 롤 플레잉 게임 시리즈를 가지게 되었고, 앤이 개발한 게임들은 많은 사람들에 의해 수천만 시간 동안 플레이가 되기도 했다. 앤은 가상세계에서 번 돈으로 현실세계 저소득층 사람들의 대학 교육을 위해 40개의 학자금 대출을 지원하고 있다.

> "사람들은 우리 엄마에게 제가 게임을 하지 못하게 해야 한다고 했었어요. 그건 저에게 도움이 되지 않을 것이라고요.
> 그렇지만 그것이 저를 여기까지 데리고 왔습니다."
> - 로블록스에서 5억 이상의 매출을 올린 앤 슈메이커

엔터테인먼트와 게임업계의
메타버스 진출

　　게임 산업은 전 세계 이용자 30억 명, 시장규모는 3360억 달러(약 400조 원)에 달할 정도로 매우 큰 산업이 되었다. 2000년대 디지털 시대가 열리고 게임이 하나의 스포츠로 인정받기 시작하면서 프로게이머라는 직업도 생겼다. 단순히 게임을 잘하는 것만으로도 생계를 유지할 수 있는 시대가 되었다. 그들은 구단에 소속되어 연봉을 받고 토너먼트에서 상금을 공유하고 기업과 후원 계약을 체결하기도 한다. 또 게임을 특출나게 잘하지 않아도 재미난 입담을 지닌 게이머들은 트위치나 유튜브 등에서 본인이 게임을 하는 모습을 실시간 스트리밍으로 중계하여 수익을 창출하기도 한다.

그리고 세상이 또 바뀌었다. 앞에서 엑시 인피니티와 로블록스의 사례에서 보았듯이, 이제 게임 산업은 소수의 게이머가 활약하는 것을 중계하고, 그들을 선망하는 엔터테인먼트 영역을 넘어섰다. 현실과 가상의 경계를 허물어, 경제활동이 가능한 세계, 현실의 경험과 가상의 경험이 혼합되는 세계를 열어가고 있다.

엔씨소프트가 만든 K-POP 메타버스 플랫폼

국내 대표적인 게임 개발사 엔씨소프트는 2021년 1월 K-POP 엔터테인먼트 플랫폼 '유니버스UNIVERSE'를 출시했다. 유니버스는 엔터테인먼트, 음악, 게임 등 다양한 서비스를 함께 제공하는 메타버스 플랫폼이다. 엔씨소프트는 게임 기업의 장점을 살려 출시 시점부터 다양한 형태의 월정액 서비스와 과금 체계를 만들었으며, 랭킹 시스템, 아바타 등 향후 메타버스 플랫폼으로의 전환이 쉽도록 플랫폼을 설계했다.

유니버스는 K-POP 팬덤 활동을 현실세계와 가상세계를 연결하여 누릴 수 있는 경험을 제공한다 예를 들어, '유니버스 오리지널'은 3D 가상공간에 제작된, 내가 좋아하는 아티스트의 예능, 뮤직 비디오, 화보를 제공한다. 다른 미디어에서는 볼 수 없는 아티스트의 색

다른 모습을 볼 수 있고, 3D 가상공간을 자유자재로 활용하며 다양한 시각적 경험을 제공해주기 때문에 이용자들은 아티스트를 눈앞에서 만나 직접 소통하는 듯한 경험을 할 수 있다. 그중에서 '프라이빗 메시지'라는 기능은 대화창을 통해, 내가 좋아하는 아티스트와 서로 1:1로 대화하는 듯한 경험을 제공한다. 아티스트의 팬에게는 충분히 설레고 즐거운 경험이다.

현실세계에서는 물리적 제약 상 아티스트와 팬이 직접 만나, 소통하는 것이 매우 어렵지만, 가상세계에서 한층 더 가깝게 연결하고 자유롭게 소통할 수 있다. 현재 국내를 비롯하여, 미국, 일본, 대만, 태국, 필리핀 등 134개국에 서비스 중이며, 해외 이용자 비중이 87%에 달해 대표적인 글로벌 K-POP 메타버스 플랫폼으로서 자리매김하고 있다.

게임·엔터 업계의 메타 트랜스포메이션 경쟁

엔씨소프트뿐 아니라 넷마블, 넥슨 등 주요 게임 개발사를 비롯하여 SM, 하이브, JYP 등 주요 엔터사들도 메타 트랜스포메이션 경쟁을 시작했다. 게임사들의 경우, 기존 게임에는 게임 내 활용되는 아이템을 NFT로 제작하여 거래하게 하거나, 자체 NFT 거래 플랫폼을 만들어 연동하는 방식을 구상하고 있으며, 신규 게임의 경우 이용자들의 자산 축적과 경제활동을 주요 콘셉트로 하는 P2E 게임이 현재 다수 기획, 출시 예정에 있다.

엔터사들은 주로 K-POP 팬덤을 형성하기 위한 메타버스 플랫폼 및 아티스트 IP 기반의 NFT 제작을 중심으로 메타 트랜스포메이션을 전개하고 있다. SM엔터테인먼트 총괄 프로듀서 이수만은 미래 엔터테인먼트 세상의 핵심 가치이자 비전으로 SMCU$_{SM Culture Universe}$라는 메카버스 세계관을 발표했다. 그리고 미래 엔터테인먼트의 시작을 열게 될 SMCU 첫 번째 프로젝트로 걸그룹 에스파$_{aespa}$를 선보였다.

P2E·메타버스 시장 진출을 계획 중인 주요 게임사	
엔씨소프트	2022년 NFT 게임 출시 K팝 엔터테인먼트 플랫폼 유니버스 NFT 굿즈 판매
넷마블	2022년 라인업에 공개할 NFT 게임 개발 국내 최대 규모 메타버스 연구소 설립 메타버스 엔터테인먼트 추진
위메이드	미르4 전용거래소 오픈 예정 2022년까지 100여 개 NFT 게임 자사플랫폼 위믹스에 론칭 NFT 게임사, 메타버스 기술 보유자 투자 지속 빗썸코리아 경영 참여
컴투스	올인원 메타버스 플랫폼 컴투버스 구축 서머너즈워:크로니클에 NFT 적용
게임빌	컴투스 홀딩스로 사명 변경 블록체인 기업 투자 지속 코인원 2대 주주, 블록체인 기반 게임과 NFT 거래소 개발 게임빌 프로야구 NFT 적용 자체토큰 C2X 발행 예정
펄어비스	2023년 하반기 P2E, NFT를 접목한 도깨비 출시 예정 이브온라인 NFT 적용
카카오게임즈	보라 코인 발행사 웨이투빗 보유 NFT 기술 활용 문화콘텐츠 디지털 가치를 유통하는 플랫폼 구축
NHN	위메이드와 NFT 연동 게임 출시 예정
웹젠	NFT 등 블록체인 기술을 우선사업대상으로 정하고 사례 분석
액션스퀘어	블레이드 IP 활용, P2E와 메타버스 사업 전개

• 출처: 하나금융투자

에스파는 '현실세계'에 존재하는 아티스트 멤버와 '가상세계'에 존재하는 아바타 멤버가 현실과 가상을 연결하여, 서로 소통하고 교감하며 성장해가는 스토리를 가지고 있다.

SM은 향후 데뷔시킬 아티스트들과 레이블에도 메타버스 세계관을 적용할 예정이라고 한다. 이렇듯, 최근 엔터사들도 글로벌 K-POP 붐업과 함께 메타버스 트랜스포메이션을 새로운 도약의 기회로 판단하고 있다.

• 에스파&아이-에스파 ' Savage' 컨셉 포토 [이미지: SM엔터테인먼트]

SM	2020년 아바타 그룹 에스파(Aespa) 데뷔 SM이 지향하는 메타버스 세상 'SMCU(SM Culture Universe)' 발표
하이브	2021년 NFT 사업 진출 공식 발표 2020년 메타버스 기반 팬 플랫폼 위버스(Weverse) 출시 방탄소년단(BTS) 등 아티스트 IP 기반 NFT 사업 진행
JYP	두나무와 NFT 플랫폼 사업을 위한 지분 교환

가상증강현실, 어디까지 왔을까?

—

지난 수십 년 동안 게임은 기술 혁신의 촉매제 역할을 했다. 더 나은 기술이 점점 더 다양한 게임 경험을 가능하게 했고, 이제는 게임 속 세상은 새로운 우주라고 할 만큼 완성도가 높아졌다. 특히, 최근 VR 기술을 활용한 게임은 과거 영화에서나 보던 극도의 몰입도를 제공한다.

그러나 기술의 비약적 발전에도 불구하고 일부 한계는 존재한다. 특히 머리에 쓰는 디스플레이 기기인 HMD_{Head mounted display}의 무겁고 불편한 착용감이 아직 해결되지 않았다. 고글이 더 가벼워지고 화면이 더 선명해졌음에도 다수는 불편함과 어지러움을 호소한다. 과거의 인터페이스 혁명은 기계가 인간 중심적으로 정보를 표현할 수

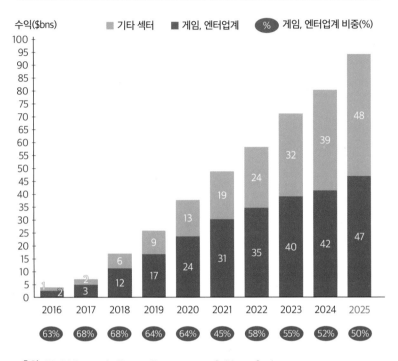

VR·AR의 수익 규모와 업계 비율 및 전망

수익($bns)　　■ 기타 섹터　　■ 게임, 엔터업계　　(%) 게임, 엔터업계 비중(%)

있도록 그래픽 인터페이스의 시각적 은유와 터치의 감성을 만들었
다. 그러나 가상공간을 활용하는 VR, AR, MR 기술 측면에서의 인터
페이스 혁명은 아직 대중의 기대에 도달하지 못하는 상황이다.

　골드만 삭스의 보고서에 따르면 AR·VR 기술은 주로 게임 산업을 중심으로 2025년까지 950억 달러 규모의 시장으로 성장할 것으로 예상한다. 아래 차트에서 볼 수 있듯이 현재 기술에 대한 가장 강력한 수요는 주로 게임업계에서 나타나고 있지만, 게임업계에서 시작된 메타버스 적용 확대는 다른 산업에도 영향을 끼칠 것이다.

특히, 현재 VR·AR 기기 시장은 메타, 구글, 애플, 마이크로소프트, 삼성 등 내로라하는 글로벌 선도 기업의 각축장이 펼쳐지고 있다. 메타는 오큘러스라고 하는 브랜드를 통해, 현재 전 세계 VR 기기 시장 점유율 1위를 차지하고 있으며, 최근 메타로의 사명 변경과 함께 자사 디바이스를 활용한 VR 콘텐츠 확대, 메타버스 플랫폼 구축에도 힘을 실을 것으로 전망된다. 구글은 유튜브 동영상을 VR 콘텐츠로 감상할 수 있는 유튜브360° 등 VR 콘텐츠 시장에 큰 관심을 두고 있으며, 구글 글라스Google Glass라는 이름의 AR 기기는 2010년대 이미 산업 현장에서 쓰이는 용도로 출시되었으나, 최근 구글의 인공지능 번역 기능과 위치 정보 기반 내비게이션 등을 탑재한 개인용으로 출시된다는 얘기가 흘러나오고 있다.

마이크로소프트의 움직임도 심상치 않다. 2022년 1월 마이크로소프트는 스타크래프트로 국내에 잘 알려진 세계적인 게임 업체 블리자드Blizzard를 무려 82조 원에 인수했다. 마이크로소프트의 블리자드 인수는 향후 VR 기반의 메타버스 게임 플랫폼을 출시하기 위한 역량 확보라는 해석이 많다. 현재 마이크로소프트는 XBOX라는 콘솔 게임 플랫폼을 갖고 있으므로 블리자드 인수를 인수해 메타버스 시대의 SW-플랫폼-디바이스 역량을 모두 갖추려는 것으로 보인다.

이미 스마트폰 시장의 표준을 점령해 본 경험이 있는 애플은 2022년 하반기 VR, AR을 동시에 지원하는 'XR(확장현실)' 기반의 헤드셋 기기를 출시할 것으로 보여, 다른 업체들이 긴장하고 있다. 삼성의 경우 2014년 모바일 기반의 '기어 VR'을 시장에 내놓았지만 그 이후 후속작을 발표하지는 않고 있다. 다만, 삼성의 하드웨어 개발 기술은 세계적으로도 최고 수준이기 때문에, 기술력 확보와 함께 시장의 움직임을 예의주시하고 있는 것으로 판단된다.

P2E는 가상경제의
기반이 될까?

게임업계는 앞다투어 'P2E' 즉 돈 버는 게임 개발에 뛰어들고 있다. 이 흐름은 향후 펼쳐질 메타버스 세상의 다양한 경제활동 확대의 시초라고 여겨진다. 앞으로 다양한 업종의 서비스와 사람 간의 소통 및 거래가 메타버스 공간에서 확대될 수 있으며, 이것이 경제활동을 수반한다면 그 폭발력은 엄청날 것이다.

엑시 인피니티 일일 사용자가 1~2년 사이에 4,000명에서 200만 명으로 급증한 것은 메타 트랜스포메이션을 준비하고 있는 여러 기업과 우리에게 시사하는 바가 크다. 메타버스 세상은 현재는 각기 작은 플랫폼 수준이다. 그러나 향후 많은 사람이 메타버스 공간에서 생활하고, 경제활동의 범위가 확대될수록 개별 플랫폼들의 연결성, 상호운용성이 강화될 것이다. 즉, 하나의 플랫폼에서만 쓰이던 암호화폐, NFT 등의 가상자산이 서로 다른 플랫폼에도 상호운용될 것이며, 사람들은 하나의 아바타를 만들어 여러 플랫폼을 오가며 가상 생활을 누리게 될지도 모른다. 이렇게 작은 변화가 시작되면 현실세계의 많은 영역이 급격히 가상세계로 옮겨가게 될 것이다.

또한, 메타버스 속 경제활동은 국경이 없다. 경계가 없는 디지털 세상의 특성은 현 체제의 많은 부분을 바꿔놓을 수 있다. 특히, 필리핀, 베네수엘라와 같이 코로나19로 경제 침체가 확대된 저소득 국가에서 메타 트랜스포메이션은 새로운 기회가 될 수 있다. 이를 통해 게임 기반 NFT 시장이 세계화되면, 개개인의 소득 증가뿐만 아니라, 경제 권역이 국경을 넘어 확장되므로 또다른 기회를 얻을 수 있다.

P2E 게임의 한계

물론 아직까지 일부 한계는 존재한다. 현재 P2E 게임은 게임 속의 중앙 집중화를 본질적으로 제거하지 못하고 있다. NFT로 거래되는 자산을 제작하고 거래하려면 해당 게임 플랫폼의 게시자 권한 아래에서만 가능하기 때문이다. 앞서 제시한 웹 3.0의 분산화되고, 개인 기반의 자율화된 형태로 플랫폼이 운영되려면, 기존 플랫폼 업체들이 기득권을 내려놓고,

거대한 담론에 뛰어들어야 한다.

최근 일부 게임 업체가 P2E 생태계를 자신들의 이익을 극대화하는 방향으로 구축하려 했던 사례도 있었다. 국내 게임 업체 위메이드Wemade는 P2E 생태계 확장을 위해 설계한 자체 암호화폐 위믹스를 2022년 1월 예고도 없이 대량 매도하면서 투자자들의 반발을 샀다. 위메이드는 여기서 얻은 수익으로 작은 게임사들을 인수하기도 했는데, 이제야 서서히 새로운 산업으로 희망을 키우고 있는 P2E 산업에 찬물을 끼얹은 게 아닌지 우려된다.

그럼에도 현재 게임 산업이 메타버스, 가상경제, 웹 3.0, NFT 등 메타 트랜스포메이션의 관점에서 가장 적극적이고 선도적으로 변화하고 있는 영역임은 분명하다. 현재 게임 산업이 진화해나가는 모습은 향후 인류의 새로운 메타 패러다임에 중요한 역할을 할 것이다.

PART 7

가상 부동산에서
땅을 사는 사람들

가상 부동산에
투자하는 메타 리치

디지털 가상공간에 지구를 그대로 복제한 '어스2$_{Earth2}$'라는 플랫폼이 있다. 이 플랫폼에서는 현실세계의 부동산 거래가 이루어지듯 가상 부동산 거래가 가능하다. 어스 2를 이용하면 지구 반대편에 있는 나라의 땅도 눈으로 보고 거래할 수 있다. 물론 가상이지만 말이다.

이미 파리와 로마 등 전 세계 유명 도시와 대표 유적지는 완판이다. 뉴욕에 있는 자유의 여신상은 현재 한국 국적 이용자의 소유다. 현 시세가 4593달러(면적 7,200㎡)이며 우리 돈으로 환산하면 약 541만 원이다. 프랑스의 에펠탑(1617달러), 영국의 빅 벤(3568달러) 등도 10㎡ 타일당 가격이 8~15달러에 형성돼 있다. 서비스 초기 당시 가격이었던 0.1달러에서 100배 이상 뛴 금액이다. 국내의 경우 강남 주요 지역인 압구정, 청담, 반포 외에 강북의 인기 지역도 거래가 거의 다 끝났다. 최근 사람들이 가상 부동산에 관심을 가지면서 시세 또한 급증하고 있어, 앞으로는 훨씬 더 많은 돈을 줘야 땅을 살 수 있을 것이다.

• 디지털 가상공간에 지구를 그대로 복제한 '어스2(Earth2)' [이미지: 어스2]

가상 부동산에 투자하는 메타 리치

최근 가상 부동산이 메타 리치의 새로운 투자처로 급부상하고 있다. 가상 부동산 플랫폼은 말 그대로 가상공간의 토지를 사고파는 시장을 뜻한다. 지구를 동일한 크기로 본떠 만든 현실세계의 땅을 팔거나(어스2), 게임과 같은 형태에서 출발하여 아바타가 살아가는 공간을 판매하는 형태(더 샌드박스The Sandbox Game), 실제로 존재하지 않는 가상현실의 땅에 가격을 매겨 판매하는 형태(디센트럴랜드Desantraland) 등 방식도 다양하다.

가상 부동산의 등기권리증으로는 NFT를 활용한다. 구입한 가상

플랫폼	더 샌드박스	어스2	업랜드	디센트럴랜드	메타렉스
주요 가상 부동산 거래 플랫폼					
특징	메타버스 게임 플랫폼·가상 부동산 '랜드' 거래	구글 위성지도 기반 실제 지구 모습 1대1 매핑한 메타버스	현실 주소 기반 가상 부동산 증서 NFT로 제작	커뮤니티 기반 가상세계 안에서 토지 거래	한국 최초 가상 부동산 거래소
거래수단	가상화폐 (SAND)	달러화·신용 카드	가상화폐 (UPX·거래소 상장 안 됨)	가상화폐 (MANA)	가상화폐 (ATC)

• 출처: 매일경제신문

부동산은 향후 메타버스로 구현되는 가상현실을 통해 수익 창출이 가능하다. 가령 아바타들이 모여드는 서울 홍대 앞 거리에 거대한 전광판을 만들어 광고비를 받거나, 제주도 한라산 등산로를 이벤트 개최자에게 빌려주고 임대료를 받는 식이다. 서울 강남에 아바타들이 거주할 수 있는 아파트를 분양해 돈을 벌 수도 있다.

얼마 전 '더 샌드박스'에 있는 한 부동산이 45만 달러(약 5억3000만원)에 팔렸다. 해당 주택은 미국의 래퍼 스눕독의 옆집이었다. 구매자는 그의 이웃이 되기 위해 통 크게 거래한 것이다. 스눕독은 자신의 현실세계 집인 '다이아몬드 바'라는 저택을 '더 샌드박스'에 실제와 똑같이 구축했는데, 이곳에서 파티와 콘서트를 열 계획도 발표했다.

• "나의 가상세계 빌라의 수영장에서 느긋하게 진과 주스를 마실 수 있는 파티에 초대합니다." 스눕독은 더 샌드박스의 가상 저택에서 파티를 개최했다. [이미지: 더 샌드박스]

이처럼 NFT와 마찬가지로 가상 부동산 시장에서도 유명인사들이 메타버스 공간에 디지털 저택을 지으면서 시세를 끌어올리고 있다. 저스틴 비버, 아리아나 그란데, DJ 마시멜로, 패리스 힐튼 등도 가상 부동산에 관한 얘기를 SNS에 종종 올린다.

엔비티가 만든 가상 부동산 플랫폼 '세컨서울'

국내에서는 현실세계를 가상현실에서 그대로 구현한 거울세계형 메타버스 부동산 플랫폼이 인기를 끈다. 대표적으로 세컨서울2nd Seoul이 있다.

세컨서울은 상장회사 엔비티가 지분 100%를 보유하고 있는 자회사 엔씨티마케팅에서 개발한 서비스다. 서울 지역을 여러 개의 타일로 쪼갠 뒤 가상의 플랫폼에서 해당 지역을 거래할 수 있도록 만든 공간 메타버스 플랫폼으로 소유권 인증은 NFT 발급을 통해 이뤄진다. 2021년 11월 사전 신청을 접수한 이용자에게 가상 부동산(타일)을 무작위로 지급하는 이른바 에어드랍 이벤트를 진행했으며, 이후 이용자가 원하는 지역의 타일을 1만 원에 각각 판매했다. 반응은 폭발적이었다. 개시 하루 만에 타일 6만9300개가 모두 완판되었고 특히 현실에서 인기가 높은 강남, 서초 일대는 물론 강북의 부동산 핫플레이스로 꼽히는 마포구·용산구·성동구를 비롯해 한남동, 광화문 등의 고가 주거지역은 빠르게 마감되었다.

이는 엔비티의 주가 상승으로도 이어졌는데, 서비스 출시 며칠 만에 약 50% 정도 상승했다. 하지만 엔비티는 돌연 서비스를 중단했다. 베타 서비스 제공 과정에서 일부 심각한 문제를 발견했다고 하는데 그 해명이 석연치 않다. 최근 NFT, 가상 부동산 등 주목받기 좋은 가상자산 서비스를 투자 유치 목적으로 완성도가 갖춰지지 않은 상태에서 출시하는 경우가 흔하기 때문이다.

NFT 시장과 함께 성장하는 이더리움의 가치

최근 가상 부동산의 인기는 이더리움의 가치 급등으로 이어지고 있다. 현재 NFT 대부분이 이더리움을 기반으로 발행되고 있다. 그 이유는 이더리움이 '대체 불가능한' 토큰을 만드는 방식인 ERC-721 표준을 사용하기 때문이다.

NFT 발행 과정에서 정보를 담는 토큰을 만드는 방식에는 대표적으로 ERC-20, ERC-721 등이 있다. 앞서 간단히 설명했지만 ERC는 'Ethereum Request for Comment'의 약자로 이더리움 네트워크에서 토큰을 만들 때 따라야 하는 프로토콜을 의미한다. 그리고 많은 프로토콜 중에서 20번째 프로토콜이 ERC-20이고, 721번째 프로토콜이 ERC-721이다. ERC-20과 ERC-721 방식의 차이는 '대체 가능하냐, 불가능하냐'이다. ERC-20로 만들어진 토큰은 서로 '대체 가능'하다. 즉, 동등한 가치로 구매, 판매, 교환이 가능하다. ERC-721로 만들어진 토큰의 경우 '대체 불가능'하다. 토큰마다 서로 다른 가치를 지닐 때 사용할 수 있다. NFT는 바로 ERC-721 방식으로 만들어진 이더리움 토큰이다. 따라서 NFT 시장이 성장할수록 이더리움의 가치도 상승할 가능성이 있다.

다만, 최근 점차 두드러지는 우려도 있다. 현재 이더리움 네트워크는 초당 15건 정도밖에 작업 증명을 처리하지 못한다. 따라서 NFT의 활용이 늘어날수록, 높은 거래비용을 유발할 수 있다. 또한 마찬가지로 작업 증명에 필요한 컴퓨팅 파워도 다른 방식에 비해 많이 소모되기 때문에 에너지 효율에 대한 지적도 있다. 최근 이더리움은 새로운 규약인 ERC-1155를 탄생시켰다. 물론, 거래비용과 에너지 비효율을 완전히 개선한 것은 아니지만, ERC-20과 ERC-721의 장점을 살려 일부 효율성을 개선했다. 향후 NFT 시장 확대를 위해서는 이더리움의 보완 또는 이를 대체할 수 있는 기술적 진화가 필요하다.

가상 부동산은 어떻게 거래될까?

가상 부동산은 어떻게 구매하고 거래할 수 있을까? 먼저 '어스2'는 실제 지구의 땅을 일정 비율(10㎡)로 쪼개어 사람들에게 판매한다. 그 한 조각을 타일이라 부른다. 지도를 둘러보다가 내가 원하는 타일의 땅이 있으면 선택하여, 미국의 달러와 같은 단위인 'E$'를 지불하면 된다.

먼저 E$의 크레딧을 충전한 후 지도에서 내가 원하는 땅을 선택한다. 이미 구매 완료된 땅은 피해서, 아직 주인이 없는 땅을 선택해야 한다. 땅의 등급마다 매겨진 가격을 지불하면 그 땅의 주인이 된다. 만약 구매 완료된 땅을 구매하기 위해서는 기존 구매자에게 구입 의

사를 전달해야 한다. 제시한 가격이 마음에 들고 판매 의사가 있다면 응답이 올 것이다.

더 샌드박스의 땅 '랜드'

'더 샌드박스'의 경우 구입할 땅의 단위를 '랜드'라고 한다. 게임상 척도로 96㎡의 면적에 해당한다. 랜드는 이더리움 퍼블릭 블록체인 기반의 ERC-721로 발행되는 NFT다. 지도상에 존재하는 랜드는 총 166,464개로 랜드가 각각 모여 더 샌드박스의 메타버스를 이루며, 다수의 랜드가 모여 이스테이트ESTATE를 이루게 된다.

랜드는 쉽게 말해 더 샌드박스라는 메타버스의 가상 부동산으로, 샌드박스 메타버스에서 신규 랜드를 구입하거나, 다른 소유자의 랜드를 구입할 수 있다. 랜드의 소유자들은 자신의 랜드에 대한 진정한 소유권과 통제권을 가지게 된다.

따라서 누군가에게 구매된 랜드는 구매자가 양도하거나 판매하기 전까지 영원히 구매자의 소유이며, 자신의 랜드에 게임이나 다양한 자산들을 올려서 사용자들을 유치하는 것도 가능하다. 구매자는 더 샌드박스의 토큰을 활용하여 랜드를 커스터마이징할 수 있고, 다른 이용자들이 나의 랜드를 탐험하게 할 수 있다. 랜드 소유자는 다

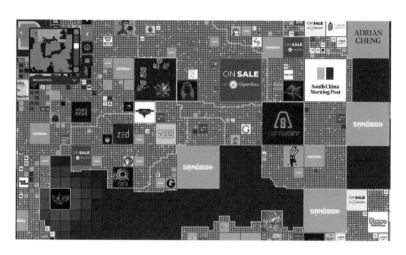

• 랜드는 더 샌드박스에서 거래되는 디지털 부동산의 기본 단위이다. [이미지: sandbox]

른 사람이 자신의 랜드를 방문하거나, 자신이 호스팅한 게임에 참여할 때 입장료를 토큰으로 받을 수 있다. 그리고 커스터마이징한 랜드를 다른 사용자에게 판매할 수도 있다.

또한, 랜드 소유자들은 투표 등을 통해 더 샌드박스 플랫폼의 미래 의사결정과 관련된 거버넌스에 직접 참여할 수 있다. 여러 소유자의 랜드가 모인 이스테이트를 디스트릭트라 부르는데, 디스트릭트의 소유자들은 구역 내 거버넌스에 대한 권한을 가지게 된다.

메타 리치의 조언

가상 부동산 투자,
의미가 있을까?

가상 부동산의 성장성은 메타 트랜스포메이션의 진화 속도와 연계하여 생각할 필요가 있다. 모든 가상자산의 용도가 그러하듯, 인류의 가상공간 활용도가 높아질수록 수반되는 자산의 유형과 규모도 확대될 것이다.

가상 부동산에 대한 기대가 커지고 있지만, 전문가들은 '막무가내식' 투자에 대해 경고한다. 특히 국내 플랫폼의 경우 향후 제공 서비스나 운영 방식에 대해 구체적으로 밝히지 않은 곳이 대부분인 데다 입출금 절차가 까다로워 현금화가 가능한 안전한 자산으로 보기 어려운 점도 있다.

예를 들어, 어스2의 경우 가상의 지도에는 우리가 구입할 수 있는 땅, 즉, 타일이 5조1000억 개가 있다. 모든 타일이 처음에 E$0.1에 판매된다고 가정하면 총수익은 5100억 달러가 될 수 있다. 그러나 현재 어스2가 제공하는 서비스는 단순히 타일을 구매하거나 재판매하는 정도이다. 즉, 지금 단계에서는 그 10㎡ 타일과 그 가치를 기반으로 한 거래 플랫폼 게임 정도일 뿐이다. 흘러나오는 얘기에 따르면 향후 나름대로 자원을 수집하고 활용할 수 있는 기능이 생기고, 게임 내 통화도 생성되며, 추후 보유한 땅을 개발할 수 있는 서비스가 제공될 것이라고 하는데, 투자자들은 업체의 얘기를 그대로 믿고 기다릴 수밖에 없는 상황이다.

NFT 예술 작품 거래의 경우, 해당 작품에 대한 가치를 자신의 주관대로 평가하여 가격을 책정해볼 수 있지만, 가상 부동산 거래는 해당 플랫폼의 성장과 운명을 함께하는 경향이 강하다. 플랫폼의 업데이트, 대중적 인지도에 따라 가상 부동산의 가치가 결정될 여지가 크다. NFT 예술 작품의 구매는 해당 작품의 구매로 인식할 수 있지만, 가상 부동산의 구매는 이 플랫폼 기업에 투자하는 것으로 인식할 수밖에 없다.

가상 부동산, 한국인 투자자만 과열?

가상 부동산은 한국인만의 열풍이라는 지적도 있다. 어스2에 따르면 전 세계 국가별 비교에서 한국 이용자의 자산 규모가 2021년 12월 기준 1063만748달러(약 125억 원)로 세계에서 가장 크다. 디센트럴랜드가 지난 9월 한 달간 확보한 한국인 이용자도 7,067명으로 미국에 이어 두 번째로 많았다. 국내 투자자들이 부동산에 대한 열정이 큰 것은 맞지만, 투기적 성격이 강하다는 것은 부인하기 힘들다.

또한, 일부 플랫폼에서는 UX(사용자 경험)의 개선이 필요하다. 디센트럴랜드나 더 샌드박스와 같은 인기 있는 플랫폼이라 할지라도 매우 투박한 측면이 있다. 주로 2D 기반이며, 해당 공간을 살펴보기 어렵고, 제공되는 정보가 단편적이다. 게임이라고 하기에도 '재미'라는 부분이 부족하다. 또 하나의 우려는 변동성이다. 가상 부동산의 거래는 보통 해당 플랫폼의 고유 암호화폐로만 이루어지는 경우가 많다. 디센트럴랜드에는 마나$_{mana}$라는 화폐가 쓰이고, 더 샌드박스에서는 샌드$_{Sand}$라는 암호화폐가 쓰인다. 이들의 가격은 비트코인이나 이더리움과 같은 기존 암호화폐에 비해 변동폭이 훨씬 클 수 있으며, 예측 가능성도 현저히 떨어진다. 이 플랫폼 기업에 문제가 생기거나 특정 이슈 발생 시에는 '0'에 수렴하는 상황도 발생할 수 있다. 상대적으로 위험도가 높고, 변수가 많은 가상자산인 만큼, 조금 더 신중한 접근이 필요하다.

PART 8

메타버스 세계를
호위하는 메타 리치

아바타는 복사본이 아닌
제2의 자아다

메타 트랜스포메이션이 왜 필요하고 왜 중요한가? 1990년대 등장한 인터넷은 우리가 사는 방식과 함께, 인간의 소통 방식을 바꿨다. 인터넷이 인류 발전에 미친 중대한 영향 중 하나는 바로 온라인 가상공간에서 서로를 연결시켜준다는 점이다. 현재 펼쳐지고 있는 메타 트랜스포메이션은 인간이 이 가상공간을 더 적극적으로 활용하게 해준다. 우리는 더 많은 것을 경험하고, 더 많은 것을 창조하며, 더 다양한 소통을 하게 될 것이다.

바쁘게 일상을 보내는 나 자신에게 이러한 질문을 할 수 있다. 내가 다음 주에 방문해야 할 그곳을 꼭 '실제로' 가야 할까? 내가 구입하고 싶은 물건이 꼭 '실물'이어야 할까? 내가 만나고 싶은 사람이 반드시 실제 '인간'이어야 할까? 모두 좀 우스꽝스러운 질문이긴 하지만, 진지하게 대답해볼 필요는 있다. 왜냐하면, 세 가지 질문을 모두 메타 트랜스포메이션으로 해결할 수 있기 때문이다.

물리적으로 꼭 그곳일 필요가 없다 → **가상공간**

현실세계의 물건일 필요가 없다 → **가상자산, 콘텐츠**

만나는 사람이 꼭 인간일 필요가 없다 → **아바타**

메타 리치들은 가상공간을 익숙하게 활용하고, 가상자산을 적극적으로 사용하고, 아바타를 자아의 확장으로 인식한다. 앞서 말한 바와 같이 메타 리치들의 세계관은 현실세계에 대한 한계 인식에서 출발한다. 현실세계의 시간과 공간, 재화에 대한 한계를 인식하고 이를 해결하고, 부족한 욕구를 채우기 위한 수단으로 가상공간을 바라본다. 그러므로 그들에게 가상공간은 무한한 가능성이 있는 공간이며, 남들보다 한발 앞서서 가상세계에 적응하고, 그 속에서 경쟁력을 높여 새로운 기회를 창출하고자 한다. 이러한 가상세계가 곧 메타버스이며 가상세계로의 적응 및 적용 과정이 메타 트랜스포메이션이다.

현실

Materialized World
(물질화 세계)

한계성
(물체, 공간, 거리, 시간)

메타 트랜스포메이션

매개체

PC(태블릿 포함),
**스마트폰, AR 글라스,
VR HMD, 기타 기기**
(플레이스테이션, 닌텐도, 스마트TV 등)

현실세계 적용

가상

Dematerialized World
(脫물질화 세계)

무한한 가능성

또 다른 자아(부캐)로 살아가는 공간

메타 세계관을 가진 사람들은 현실세계의 자아를 확장하고, 연결하는 차원에서 아바타를 적극 활용한다. 다시 말하면, 아바타는 현실세계 '나'의 복사본이 아니라, 나를 보완해주거나, 혹은 나를 대체하는 수단이 된다. 특히, MZ세대들과 알파세대*들이 향후 메타 세계관을 주도할 가능성이 크다. 디지털 네이티브라 할 수 있는 이들은 거부감 없이 가상공간을 이용하면서 메타버스를 새로운 소통 공간으로 활용

• 코로나19로 나들이가 힘들어지자 제페토의 벚꽃놀이 맵에서 랜선 꽃놀이를 즐기는 모습이다.
  [이미지: 유튜브 ZEPETO 제페토]

---

* Z세대의 뒤를 이어, 온전히 디지털화가 된 시기에 태어난 첫 세대를 일컫는다.

하고 있다. 이러한 MZ세대와 알파세대의 재미난 놀이 문화에서 메타버스가 적용되기 시작하고, 이후 다른 세대로 확산되는 양상이다.

　요즘 10대들이 노는 법을 보면 메타 세계관이 여실히 드러난다. 메타버스 가상공간에서의 경험을 현실세계에서의 그것과 똑같이 여긴다. 놀이공원, 유명 관광지, 동네 숨겨진 맛집 등 기성세대가 현실세계에서 경험하고, 주변인에게 공유하는 것을 10대들은 가상세계에서 활용한다. 2021년 11월에 오픈한 제페토의 롯데월드에는 매일 수백 명의 10대 아바타들이 다녀갔다.

· 제페토의 롯데월드 맵에는 매일 수백 명의 10대 아바타들이 다녀갔다. [이미지: 롯데월드 유튜브]

그들은 가상 롯데월드를 구석구석 탐방하면서 숨겨진 '뷰 맛집'인 히든 스폿Hidden Spot 찾아내기 놀이를 하며 찍은 사진을 공유했다. 그들은 현실세계에서 하는 것과 똑같은 경험을 가상세계에서 하고, 이를 공유하며, 그 가치를 인식한다. 아바타가 아틀란티스라고 하는 놀이기구도 직접 타볼 수 있는데, 놀이기구별로 타본 경험을 공유하면서 서로 소통한다.

그들에게 메타버스 세상은 아바타라고 하는 또 다른 자아가 살아가는 공간이다. 그들은 제2의 자아인 '부캐'에 대한 욕망이 강하다. 현실세계에서 충족되지 못한 욕망 해결의 창구를 찾은 이들은 또 다른 자아를 만들어 가상세계에 접속하고 있다.

답답함을 해소하는 욕구 분출의 공간

자라온 환경에 비해 최근 점점 우리 사회의 부의 양극화가 심해짐에 따라 MZ세대, 알파세대가 메타버스에 특별히 더 관심을 두는 경향도 있다. 특히, MZ세대는 기성세대가 부동산을 통해 막대한 부를 축적하는 것을 봐왔기에 그 상실감이 상대적으로 크다. MZ세대에게 기성세대가 점유하고 있는 현실세계의 부동산, 주식, 예술품 시장과 달리 메타버스는 아직 기득권자가 없는 새로운 기회의 세상으로 비치고 있다. 우리나라의 경우, 88년 서울 올림픽 전후로 태어난 M세대, 그 이후의 Z세대, 알파세대는 주로 형제자매가 둘인 경우, 혹은 외동인 경우가 많고 과거 대비 넉넉한 가정환경에서 자랐다. 이들에게 고착화된 부의 질서는 더 답답하게 느껴질 수밖에 없다. 메타버스는 그들의 답답함을 해소해주는 돌파구로 인식되고 있다.

> "블랙핑크가 입는 옷은 실생활에서 절대 못 입어요. 하지만
> 내 제페토 아바타는 할 수 있습니다."
> – 제페토 아바타의 비디오 콘텐츠를 만드는 28세 모니카 루이즈

최근 한 보험업체의 광고 모델로 등장해 현재 다른 기업의 모델로까지 활동하고 있는 가상 인플루언서 '로지' 열풍도 같은 맥락으로 이해할 수 있다. 기성세대들이 만들어놓은 질서와 제도, 부의 창출 방식에서 벗어나 메타버스 가상세계를 적극적으로 활용하는 MZ세대들을 중심으로 로지는 친숙하고, 익숙한 동료이다. 그들은 점점 가상세계의 활용도를 높이다 보니, 가상세계의 온전한 나(me)가 필요하게 되었고, 메타버스 플랫폼 속의 아바타를 곧, 나의 디지털 자아로 인식하게 되었다. 가상 인플루언서 '로지'에게 보내는 관심도 내가 가진 세계관에 대한 동질감, 아바타에 대한 친숙함을 느끼는 차원에서 비롯된 측면이 강하다. 과거 '아담'과 같은 사이버 가수가 크게 반향

을 일으키지 못한 것은 그 당시 주 소비계층이 아바타에 대한 친숙함과 익숙함이 부족했기 때문이기도 하다.

최근 방탄소년단이 뮤직비디오에 메타버스와 AR을 활용하고, SM엔터테인먼트의 아티스트 에스파가 아바타로도 활동하는 것도 주 소비계층인 MZ세대의 메타 세계관, 아바타 세계관이 점차 확산하고 있기 때문이기도 하다.

성별, 인종, 계층의
경계가 무너지다

메타버스에 가장 익숙한 계층인 10대들은 기성세대보다 성별, 인종, 국가적 경계가 약하다. 시간과 공간적 제약 없는 온라인 기반의 메타버스 플랫폼에서는 성별의 경계가 불분명하고 현실세계의 개인 정보를 드러내지 않아도 되는 아바타로 활동하다 보니, 현실세계의 인간 구분 기준은 필요하지 않다. 전 세계적으로 기성세대가 지니고 있는 인종 차별, 성 차별, 국적 차별 인식이 향후 메타버스를 적극 활용할 세대에게는 이어지지 않을 가능성이 크다.

국경을 뛰어넘는 인간관계가 가능해지다

미국 10대를 대상으로 한 설문조사를 보면, 최근 그들은 주로 온라인에서 친구들을 만나고 있었다. 60%는 매일, 20%는 일주일에 한번 정도 온라인에서 친구를 만나고 있으며, 현실세계에서 대면으로만나는 경우는 그보다 낮은 24%, 26% 수준이었다.

그리고 미국의 10대들은 60%가 매우 친한 이성 친구를 한 명 이상씩 보유하고 있으며, 인종이 다른 친구, 국경이 다른 친구, 종교가다른 친구도 50% 내외의 비율로 각자 보유하고 있었다. 기성세대에비해 상대적으로 높은 비율이다.

이러한 조사 결과를 바탕으로 보면 로블록스나 제페토 세계에서일상을 보내는 미국 10대들은 메타 세계관을 통해 기성세대가 가진성별, 인종, 계층적 차별에서 상당 부분 벗어나 있는 것으로 보인다.

미국 10대는 친구와 어디에서 시간을 보내는가?

	매일 또는 거의 매일	일주일에 몇 번	그보다 적게
온라인	60	21	19
대면	24	26	50

- 참고: 응답하지 않은 사람은 표시되지 않았다.
- 출처: 〈10대의 소셜 미디어 습관 및 경험〉 2018년 3월 7일~4월 10일

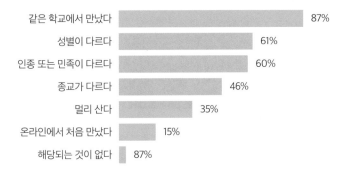

같은 학교에서 만났다   87%
성별이 다르다   61%
인종 또는 민족이 다르다   60%
종교가 다르다   46%
멀리 산다   35%
온라인에서 처음 만났다   15%
해당되는 것이 없다   87%

· 참고: 응답자들은 여러 옵션을 선택할 수 있으며 응답하지 않은 사람은 없다.
· 출처: 〈10대의 소셜 미디어 습관 및 경험〉 2018년 3월 7일~4월 10일

늘어나는 10대들의 사이버폭력

———

물론 10대들이 메타버스 가상공간을 적극적으로 활용하게 되면서 나타나는 부작용도 있다. 게임과 현실을 혼동하여 현실세계에서도 폭력성을 보이는 점이 대표적인 사례다. 게임과 현실을 착각한 10대들의 폭력성은 폭언, 폭행에 머무르지 않고, 성희롱과 성폭력에 이르기까지 날이 갈수록 그 정도가 심각해지고 있다. 교육부가 발표한 '2020년 학교폭력 실태조사' 결과에 따르면 지난해 학교폭력 피해자 가운데 사이버폭력을 경험한 비율은 12.3%에 달했다. 2013년 조사 이후 가장 높았다. 사이버폭력 피해 학생 비율은 2013년 이후 꾸준히 9% 안팎을

유지하다가 2019년 8.9%로 떨어졌는데 지난해 다시 크게 올랐다.

이처럼 메타버스를 적극적으로 활용하는 계층에서 나타나는 여러 가지 긍정적, 부정적 사회적 영향력을 어떻게 받아들이고, 개선해 나갈 수 있을지 사회적 합의가 필요한 시점이다.

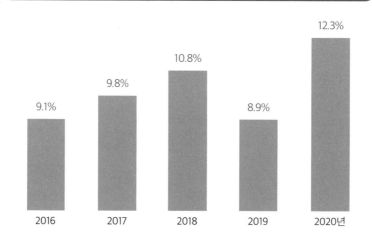

전체 학교폭력 중 사이버폭력 비율의 증가세

9.1% 2016
9.8% 2017
10.8% 2018
8.9% 2019
12.3% 2020년

· 자료: 2020년 학교폭력 실태조사

신세계의 새로운 질서 정립이 필요하다

1967년, 미국 국방부 산하 고등 연구국 아르파ARPA는 최초의 인터넷망으로 알려진 아르파넷ARPAnet을 구축했다. 아르파넷은 핵전쟁에서도 살아남을 수 있는 정보교환망으로, 미국의 로스앤젤레스 대학교, 스탠퍼드 연구소, 캘리포니아 대학교, 유타 대학교까지 네 곳을 연결한 최초의 보안 통신망이었다. 그런데 1970년대 초, 스탠퍼드 대학과 MIT 학생들이 아르파넷을 이용해 마리화나를 거래하는 사건이 발생한다. 이 사건 때문인지 이후 아르파넷은 국방 부문에서 사용되는 밀넷MILNET과 민간이 사용할 수 있는 아르파넷으로 나뉘었다. 아르파넷이 오늘날 우리가 말하는 다크웹*은 아니었지만, 이는 비공개 망을 통한 최초의 마약 거래 사건으로 남았으며, 업계는 이를 다크웹의 시작 지점으로 보고 있다.

메타버스 안에서 개인정보는 무사할까?

———

향후 다양한 메타버스 플랫폼들이 출시되고, 우리는 현실세계의 '나'가 아닌, 메타버스 가상공간의 디지털 '나'인 아바타로 일상생활의 많은 시간을 보내다 보면, 일상의 모든 것들이 지금보다 훨씬 높은 수준으로 데이터화되고, 활용될 것이다. 메타버스 세상 속 나의 아바타조차도 하나의 데이터이기 때문이다.

이러한 과정에서 많은 메타버스 플랫폼이 우리의 데이터, 즉, 개인정보를 합법적이고, 윤리적인 틀 안에서 활용하리란 보장이 없다. 최근 디지털 데이터 활용과 관련하여 EU는 GDPR, 국내는 데이터 3법 등 기존의 법 체계를 벗어난 영역을 다스리기 위한 새로운 법 개정을 진행하고는 있으나, 기술의 변화 속도를 따라가기는 힘든 실정이

---

*   바깥에 드러나지 않도록 만들어진 네트워크로, 주로 정보의 은폐나 범죄 등에 활용된다.

다. 좋지 못한 의도를 가진 일부 메타버스 플랫폼들이 다크웹으로 이용될 가능성도 있다.

또한, 개인의 데이터를 제대로 관리하는 메타버스 플랫폼이라 하더라도, 일부 관리자 혹은 범죄와 연계된 집단이 다른 이용자의 데이터를 마구잡이로 빼내어 활용할 수도 있다. 메타 트랜스포메이션 시대를 제대로 맞이하기 위해, 우리 사회의 사이버 보안과 데이터 처리에 관련된 기술 및 법적, 제도적 정비가 필수인 이유이다.

인간의 편견을 그대로 학습한 AI

AI의 의도치 않은 일탈도 고려해볼 수 있다. '인간이라면 편견이 항상 존재한다'라는 말이 있다. 그런 인간이 AI 시스템을 설계하다 보니, AI에도 편견이 반영될 수 있다. 세계 최고 개발자들이 모여 있는 아마존도 비슷한 사례를 겪었다. 아마존 인사팀은 2018년 큰 결심을 했다. 지금껏 사람이 사람을 뽑다 보니, 남성 중심, 백인 중심 등 일부 편견들이 존재하는 것으로 파악되었고, 이제부터 AI를 통해 채용을 진행하자는 것이었다. 아마존의 개발자들은 AI 채용 시스템을 개발했고 실제 인사채용에 활용하게 되었는데, 생각지도 못한 결과가 나왔다. 인간이 갖고 있던 남성 중심, 백인 중심의 편견을 AI도 그대로 가진 것이었다. 오히려 더 빠르고 더 쉽게 남성과 백인 위주로 채용 결과를 알려줬다. 그 원인은 바로 AI가 학습한 데이터에 있었다. AI에게 지난 수년간 아마존의 채용 과정, 결과 데이터를 학습시켰고, 인간에게 존재한 편견을 그대로 학습한 AI는 오히려 편견을 더욱 최적화하여 결과를 만들어내게 된 것이다.

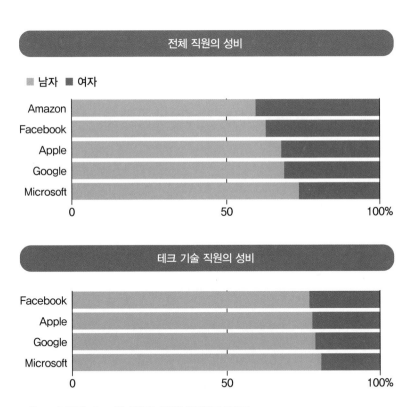

* 참고: 아마존은 테크 기술 직원의 성비를 공개하지 않았다.
* 출처: Latest data available from the companies, since 2017.

법, 질서, 윤리 의식의 메타 트랜스포메이션

우리 인류가 메타버스 플랫폼을 다양하게 활용할수록, 데이터 위험은 더욱 심각해질 수 있다. 데이터의 수집, 전송, 활용 과정에서 사생활, 존엄성 및 대리인에 대한 위협, 대량 감시의 위험 등도 추가된다. 2021년 11월 UN을 중심으로 193개국은 AI 윤리에 관한 최초의 글로벌 협약*을 채택하기도 했다. 목표는 인권을 증진하고 AI 기술의 윤리적이고 포괄적인 개발을 보장하기 위한 법적 기반과 프레임워크를 개발하는 것이다.

메타 트랜스포메이션의 과정에서 데이터와 AI의 활용은 현재 수준보다 몇 배 더 늘어날 가능성이 크다. 수백 년, 수천 년간 다져오고 합의해온 인간세계의 질서를 메타버스 가상세계에도 적절히 적용하고 균형을 맞춰갈 수 있도록 함께 고민해보아야 한다. 인간 세계의 법, 질서, 윤리 의식 보완도 메타 트랜스포메이션의 중요한 과정이다.

---

*   Draft text of the Recommendation on the Ethics of Artificial Intelligence

PART 9

메타 리치가 꿈꾸는
새로운 기회

메타버스가 지향하는 현실세계의 확장

　미래학자인 로저 제임스 해밀턴Roger James Hamilton은 "2024년에 우리는 현재의 2D 인터넷 세상보다 3D 가상세계에서 더 많은 시간을 보낼 것"으로 예측하였다. 실제 로블록스나 제페토의 주 이용계층인 10대들은 하루 평균 두세 시간을 메타버스 세상에서 살아가고 있다. 그들이 메타버스 가상공간에서 머무는 시간이 늘어날수록, 그리고 가상공간에서 일어나는 소통과 거래의 영역이 확대될수록, 인류는 메타버스 속에서 새로운 문명을 만들어갈 것이다.

존 레전드의 아바타가 공연을 한다고?

———

  미국의 유명한 알앤비 가수 존 레전드John Legend는 가상현실 콘서트 플랫폼 '웨이브Wave'에서 콘서트를 열었다. 일상적으로 온라인 콘서트라고 하면, 녹화된 영상을 보는 방법이나 혹은 실제 공연을 중계하는 형태를 떠올릴 것이다. 그러나 존 레전드의 공연은 메타버스 가상공간에서 실시간으로 열렸다. 다시 말하면, 녹화된 영상도 아니었고, 실제 공연의 중계도 아니었다. 존 레전드의 아바타가 가상공간에서 공연을 하고, 관객의 아바타들이 공연을 관람했다.

• 존 레전드의 아바타가 공연을 하는 모습. 오른쪽 아래에는 실제 존 레전드의 움직임이 보인다.
  [이미지: 유튜브 John Legend]

다만 여기서 중요한 점은 실시간으로 공연이 진행되었다는 것이다. 존 레전드는 관객이 하나도 없는 본인의 작업실에서 실제로 공연을 진행하고, 아바타는 이것을 똑같이 보여줬다. 존 레전드의 몸에는 모션 캡처Motion Capture라고 하는 장비가 달려 있었고, 존 레전드의 움직임과 아바타의 움직임을 실시간으로 연결했다. 관객들은 집 안방에서 VR을 끼고, 가상 콘서트홀에 아바타로 입장하여, 존 레전드 아바타의 공연을 실감 나게 감상했다.

이처럼 현실세계의 인간과 인간은 물리적으로 떨어져 있으나, 아바타들끼리 같은 가상공간에서 소통을 한다. 이는 실시간으로 일어나기 때문에, 어떠한 지연도, 불편함도 없다. 메타버스가 지향하는 세계는 인간 경험의 확장이다. 코로나 팬데믹을 보내는 현 시점에 존 레전드와 수백, 수천의 관객이 실제 얼굴을 맞대지 않고도, 아바타로 만족스러운 소통과 경험을 할 수 있다는 사실은 시사하는 바가 크다. 메타버스 가상 콘서트로 인해 얻은 가치가 메타버스를 바라보는 우리 인류가 기대할 수 있는 가치가 아닐까?

테크 기업들의 메타 트랜스포메이션

2022년 국제전자제품박람회$_{CES}$에서도 핵심 키워드는 '메타버스'였다. 전 세계 많은 테크 기업이 메타버스 시장 진출을 예고했으며 진화된 형태의 메타버스 기술을 소개했다. 국내 기업들도 메타버스 전환의 중심에서 다양한 기술을 소개했다.

삼성전자는 이번 박람회를 기점으로 미국 뉴욕에 있는 삼성 플래그십 스토어인 '삼성837'을 본뜬 '삼성837X'를 디센트럴랜드에 구현했다. 또한 사용자가 나만의 집을 꾸미는 콘셉트의 월드맵인 가상공간 '마이 하우스(My House)'를 제페토에 공개했다. 이곳에서 내년 신제품을 포함해 TV, 스마트폰, 냉장고, 세탁기 등 18개 제품을 가상으로 체험할 수 있도록 했다.

현대자동차는 '메타모빌리티$_{Metamobility}$'라는 새로운 개념을 발표하기도 했다. 현대차의 모빌리티 디바이스뿐만 아니라, 인간이 활용하는 각종 스마트 디바이스를 메타버스 플랫폼과 연결하여, 인류의 이동 범위를 가상공간으로까지 확장한다는 개념이다. 정의선 회장은 "로보틱스를 기반으로 미래 모빌리티 솔루션을 '메타모빌리티'로 확장할 것이며 이를 위해 한계 없는 도전을 이어가겠다"고 강조했다. 그리고 "현대차의 로보틱스 비전이 인류의 무한한 이동과 진보를 가능하게 할 것"이라고 덧붙였다.

· 메타모빌리티 시대를 연출한 이미지. 정의선 회장은 로보틱스와 메타버스가 결합하면 새로운 차원의 이동 경험을 제공할 것이라고 말한다. [이미지: 현대자동차]

금융업에서는 애널리스트나 산업 분석가처럼 복잡한 데이터를 다루는 업무에 홀로렌즈를 활용하여 데이터를 공간에 띄워놓고, 훨씬 정확하고 손쉽게 분석에 활용할 수 있는 툴을 개발했다. 작업자가 홀로렌즈Hololens 안경을 끼고, 공간에 떠 있는 데이터셋Dataset*을 손으로 집어 화면 위치에 갖다 놓으면, 자연스레 원하는 그래프나 데이터 분석 결과가 만들어진다. 인간이 데이터 작업을 하다 보면 잘못 입력

---

*   특정한 작업을 위해서 데이터를 관련성 있게 모아놓은 것을 데이터셋이라고 하며 여러 형식으로 된 자료를 포함할 수 있다.

하는 생길 수 있는데, 가상공간을 활용하면 더 정교하고 손쉽게 데이터 분석 업무를 할 수 있다.

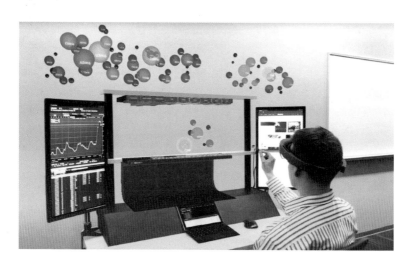

• 미국 시티은행의 홀로렌즈를 사용한 데이터 분석 업무 [이미지: 유튜브 Citi]

스페인의 에널그린파워EGP라고 하는 공공 에너지 기관은 수력발전소를 운영하는 데에 메타버스를 활용하고 있다. 거대한 발전소 공간에서 발생하는 위험한 상황들을 사람의 눈으로 파악하기에는 어렵고 놓치는 부분들이 많다. 따라서 사람의 눈과 손이 미치지 못하는 발전소 곳곳에 센서를 설치하여 데이터를 수집하고, 이를 메타버스 가상공간에 실시간으로 구현하여 위험한 상황을 감지, 예측하고, 발전소 운영의 효과를 높이는 데 활용한다.

이렇듯 공간의 가상화, 업무의 가상화, 제품의 가상화 등 메타버스의 주요 기술들은 주요 산업 영역에서 현실세계에 사람의 능력으로 해결할 수 없는 부분들을 가상화시켜 메타버스 가상경제를 확대하는 데 중요한 진전을 보인다. 인간에게 부족하거나 불편한 경험을 가상공간에서 가상자산과 가상인간을 통해 구현하는 것. 이것이 바로 메타버스가 지향하는 인간 경험의 확장이다.

가상 경험이
현실 경험을 뛰어넘다

"메타버스는 다양한 사람들이 운영하는 가상공간을 서로 방
문하며 살아가는 소우주와 같은 것이 될 것이다."

- 유니티의 CEO 존 리치텔로

3D, 2D 비디오 게임의 개발 환경을 제공하는 글로벌 선도 기업
유니티Unity CEO인 존 리치텔로John Riccitello는 가상세계를 소우주라
고 표현했다. 물리적인 지구와 마찬가지로 다양한 가상 행성들이 존
재하고, 사람들이 이 행성들을 오가며 살아가게 될 것이라는 비유다.
게임이나 영화가 인류의 변화를 10년, 20년 앞서나간다고 봤을 때,

유니티가 전 세계 유명 게임 속에 구현해놓은 가상세계는 우리 일상 영역으로 점차 확대될 것이다.

1992년 메타버스라는 단어가 처음 등장한 것은 닐 스티븐슨Neal Stephenson의 소설 『스노 크래시Snow Crash』였다. 소설 속 메타버스도 현재 우리가 정의하는 그것과 유사한 의미로 쓰였다. 주인공 히로는 현실에서는 마피아에게 빚진 돈을 갚고자 피자를 배달하는 신세이지만, 본인이 직접 개발한 가상공간 '메타버스'에서 제2의 삶을 살게 되며 이야기가 시작된다.

소설 속 메타버스는 3차원으로 묘사되었다. 현실이 거울처럼 반영되어 있지만, 현실은 아닌 가상세계다. 소설에서 사람들은 메타버스에 접속해 자신의 아바타를 통해 제2의 삶을 살아간다. 사람들은 메타버스 가상공간에서 시간과 공간을 초월하고, 새로운 경험을 하며, 새로운 인간관계를 만들기도 한다.

가상 경험이 제공하는 진짜 가치

인간의 활동 유형별 학습 효과를 피라미드로 제시한 교육학자 에드가 데일Edgar Dale은 실제 경험을 통한 학습이 효과가 가장 크다는 것을 제시했다. 사람들은 보통 읽은 것의 10%, 들은 것의 20%를 기억하지만, 실제 경험한 것은 90%를 기억한다고 한다. 이렇듯 경험이 최고의 학습 수단이라는 것을 강조하여 이를 '경험 경제Experience Economy'라고도 표현한다.

메타버스 가상공간에서 펼쳐지는 경험은 현실의 경험이라고는 할 수 없다. VR 가상공간에 모여서 회의를 하고, 가상 콘텐츠를 이용하여 몰디브 여행을 다녀왔지만, 막상 VR 기기를 벗고 나면 아무것도 존재하지 않는다. 그러나 우리 뇌리에는 현실세계에서 회의를 했고, 몰디브 여행을 실제 다녀온 것 같은 느낌과 기억이 남는다. 가짜 경험이지만, 실감 경험이다. 최근 VR, AR 가상증강현실 기술의 진화는 실감도를 높여, 이용자들이 현실의 경험을 한 것과 비슷한 효과를 준다.

제페토, 로블록스 등에서 아바타로 경험하는 것도 이와 유사하다. 10대들은 로블록스라는 게임 속 가상공간에서 아바타로 삶을 살아가고 있다고 느낀다. 다시 말하면 '아바타=나'로 인식하여, 가상공간에서 다른 아바타들을 만나고, 소통하고, 물건을 구입하고, 집을 꾸미고, 여행을 다니는 것을 실제 내가 그것을 경험하고 있다고 착각한다. 가짜 경험이지만, 대리 경험이며, 정신적 경험이다.

실감 경험, 대리 경험이 제공해주는 가치나 그 효과가 실제 현실세계의 경험이 제공하는 그것과 유사하다면 우리에게는 충분히 의미가 있다. 우리는 이를 '실감 경제Immersive Economy' 혹은 '가상 경제'라고 표현한다. 현실에서 부족한 경험을 가상에서 채우고, 현실에서 불가능한 경험을 가상에서 해볼 수 있으며, 인간 대신에 아바타 사이에서 소통이 일어나고, 가상자산의 거래 혹은 현실과 연계된 경제활동이 가상공간에서 일어나기도 한다. 최근 메타버스가 '또 다른 세계'라고 일컬어지는 이유도, 현실세계의 많은 것들이 가상세계에서 대체될 수 있다는 점에 초점을 맞춘 것이다.

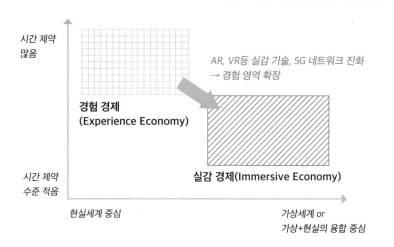

경험 경제에서 실감 경제로의 전환

시간 제약 많음

AR, VR등 실감 기술, 5G 네트워크 진화 ⋯› 경험 영역 확장

경험 경제
(Experience Economy)

시간 제약 수준 적음

실감 경제(Immersive Economy)

현실세계 중심

가상세계 or
가상+현실의 융합 중심

가상 경험이 현실을 개선하다

———

최근 AR, VR, 5G, 디지털 트윈, CPS, AI, 블록체인 등 진화된 디지털 기술은 이제 가상세계 창조를 넘어, 가상과 현실의 연계라는 측면에서 거대한 효과를 보여주기 시작했다. 인간의 경험을 가상공간으로 확장하고, 가상 경험의 효과나 피드백이 현실세계에 영향을 미치는 구조이다.

예를 들면 가상공간에서 홈리스를 체험한 사람들은 이후 주거 지원 정책 동의율이 크게 올라갔다. 일반인들은 홈리스를 제 3자의 입장에서만 바라보다가, 내가 직접 가상공간에서 홈리스 경험을 해보니, 얼마나 힘든 삶인지를 제대로 인지한 것이다. 그리고 여행사 토마스쿡Thomas Cook은 고객에게 VR을 통해 여행을 가상으로 경험할 수 있는 획기적인 서비스를 제공했는데, VR을 경험한 고객일수록 실제로 예약을 하는 경우가 많았다고 한다. 뉴욕 여행 예약은 서비스 도입 이후 190% 증가했다고 한다.

최근 메타버스 가상공간은 의료 분야에도 활용되고 있다. 불면증, 트라우마, 약물 중독을 경험하고 있는 정신 질환자가 가상공간에서 상황, 공간에 대해 반응하는 데이터를 분석해 질환의 정도를 판단하고, 치료, 재활까지 가상공간에서 진행하기도 한다.

국내 기업 히포티앤씨는 주의력결핍 과잉행동장애ADHD를 겪고 있는 어린이들에게 가상공간에서 놀이와 같은 경험을 하게 하여, 현재의 상태나 질환 정도를 판단하는 콘텐츠를 개발했다. 이 기술은 2022 국제전자제품박람회$_{CES}$에서 혁신상을 받기도 했다. 질환의 판단뿐만 아니라 향후 치료 효과까지도 기대할 수 있다는 측면에서 현실과 가상의 결합인 메타버스를 활용한 디지털 의료 서비스의 진화라고 할 수 있다.

놀 거리, 즐길 거리, 일할 공간, 전시 공간뿐만 아니라 이제는 인류가 걱정하는 빈곤, 주거, 질환 등 각종 사회문제와 의료 분야에까지 메타버스의 가치가 확장되고 있다.

• 히포티앤씨의 주의력결핍 치료 프로그램 어텐션케어(AttnKare)를 이용하고 있는 어린이

이렇게 메타버스 세상에서의 실감 경험, 대리 경험이 현실세계의 경험을 대체하거나 부족함을 채워주며, 세상 사람들의 공감을 얻어내고, 현실의 문제까지 해결해주고 있다. 그리고 이는 메타 패러다임의 변화를 긍정적으로 바라보는 기업들에게는 새로운 비즈니스 기회가, 메타 리치를 꿈꾸는 사람들에게는 새로운 투자 기회가 될 수 있다.

지금 이 책을 읽고 있는 여러분들이 꿈꾸는 메타 리치의 삶은, 단순히 더 많은 부를 창출하는 것만은 아닐 것이다. 메타로의 패러다임 변화 속에 세상의 변화를 예측하고, 그 속에서 새로운 가치와 혜택을 찾기 위함일 것이다. 일상에 혹은 비즈니스에 그 변화를 적극적으로 활용하여 기회를 찾고, 변화를 주도하는 과정에서 자연스럽게 부를 창출하는 새로운 기회를 얻게 되는 것이 아닐까.

META-RICH

메타버스에서 돈 벌고 NFT에 투자하는 사람들

메타 리치의 시대

초판 1쇄 발행 2022년 2월 24일
초판 2쇄 발행 2022년 2월 28일

지은이 김상윤
펴낸이 김선준

책임편집 이주영 **편집1팀장** 임나리 **디자인** 김세민
마케팅 권두리, 신동빈 **홍보** 조아란, 이은정, 유채원, 권희, 유준상
경영관리 송현주, 권송이

펴낸곳 (주)콘텐츠그룹 포레스트 **출판등록** 2021년 4월 16일 제2021-000079호
주소 서울시 영등포구 여의대로 108 파크원타워1 28층
전화 02) 332-5855 **팩스** 070) 4170-4865
홈페이지 www.forestbooks.co.kr **이메일** forest@forestbooks.co.kr
종이 (주)월드페이퍼 **출력·인쇄·후가공·제본** 더블비

ISBN 979-11-91347-71-5

포레스트북스(FORESTBOOKS)는 독자 여러분의 책에 관한 아이디어와 원고 투고를 기다리고 있습니다. 책 출간을 원하시는 분은 이메일 writer@forestbooks.co.kr로 간단한 개요와 취지, 연락처 등을 보내주세요. '독자의 꿈이 이뤄지는 숲, 포레스트북스'에서 작가의 꿈을 이루세요.